CB056840

ASTRONAUTA DO DESERTO

*ensaios sobre a tristeza
e outras travessias*

CÉSAR GANDHI

EDITORA
Labrador

Copyright © 2018 de César Gandhi
Todos os direitos desta edição reservados à Editora Labrador.

Coordenação editorial
Diana Szylit

Projeto gráfico, diagramação e capa
Felipe Rosa

Revisão
Maria Isabel Silva
Bonie Santos

Imagens de capa
Skeeze (pixabay.com)
Idan Arad (unsplash.com)

Dados Internacionais de Catalogação na Publicação (CIP)
Andreia de Almeida CRB-8/7889

Gandhi, César
    Astronauta do deserto : ensaios sobre a tristeza e outras travessias / César Gandhi. -- São Paulo : Labrador, 2018.
    112 p.

ISBN: 978-85-87740-50-2

1. Literatura brasileira - Ensaios 2. Política 3. Relações humanas 4. Religião 5. Filosofia I. Título.

18-2109 CDD B869

Índice para catálogo sistemático:
1. Memória autobiográfica

EDITORA
Labrador

Editora Labrador
Diretor editorial: Daniel Pinsky
Rua Dr. José Elias, 520 – Alto da Lapa
05083-030 – São Paulo – SP
+55 (11) 3641-7446
contato@editoralabrador.com.br
www.editoralabrador.com.br

A reprodução de qualquer parte desta obra é ilegal e configura uma apropriação indevida dos direitos intelectuais e patrimoniais do autor.

A editora não é responsável pelo conteúdo deste livro.
O autor conhece os fatos narrados, pelos quais é responsável, assim como se responsabiliza pelos juízos emitidos.

*Dedico este livro à minha tia Cada e
à minha amiga Aninha, com muita saudade.*

As lágrimas do mundo são em quantidade constante.
Samuel Beckett

Talvez a felicidade seja isso: a capacidade de administrar a tristeza.
Jeferson Tenório

SUMÁRIO

INTRODUÇÃO 11

I. SOBRE A VIDA 12
[PAI DE MENINA: O QUE DESEJO
PARA MINHA FILHA] 13
[LOTERIA] 17
[PRISÃO-MONOGAMIA] 19
[LEVARAM TUDO] 25
[VADE RETRO] 27
[CAQUIS VOADORES] 28
[PASTA DE DENTES] 29

II. SOBRE O TRANSCENDENTAL 30
[DEUS NÃO É UM DELÍRIO] 31
[O JUSTO SOFREDOR] 36
[VELHA HISTÓRIA] 39
[A PAIXÃO DE CRISTO] 41

III. SOBRE AS MEMÓRIAS 42
[UM TREM PARA AS ESTRELAS] 43
[LEMBRANÇAS DO CÁRCERE] 46
[PAI] 50
[SURRAS] 51
[COISA DE ESCOLA] 53

IV. SOBRE O CONHECIMENTO 55
[ALGO SOBRE O FEMINISMO] 56
[EDUCAR NA ESPERANÇA
EM TEMPOS DE DESENCANTO] 59

[PROJETO ERGA OMNES] 62
[DEPRESSÃO] 66
[SARTRE] 68

V. SOBRE A MORTE 70
[*MEMENTO MORI*] 71
[HOMILIA] 74
[MURIÇOCAS] 76
[CELEBRAÇÃO DO MEU ENTERRO] 77
[VIRA-LATAS] 79
[MINHA AMIGA] 80

VI. SOBRE A POLÍTICA 81
[*HOUSTON, WE HAVE A PROBLEM*] 82
[PALAVRA DE ORDEM] 85
["SEU CONSERVADOR!"] 86
[FACA CEGA, FACA AMOLADA] 89
[ORAÇÃO PARA DETERMINADOS
GRUPOS FAMILIARES DE WHATSAPP] 90
[ROTINEIRA CENA] 93
[BOLSO-NADA] 96
[BRASIL, 2014] 101

INTRODUÇÃO

Queria ter escrito um livro que falasse de amor, que contasse paixões por meio de diálogos longos, entremeados por suspiros e muita ternura. Queria ter escrito um livro que fosse sensual, que tivesse personagens atraentes e profundos como o céu de estrelas do deserto do Atacama. Gostaria de descrever cenas de muito sexo, em que pelos e peles se tocam e se esfregam numa dança louca.

Queria ter escrito um livro que falasse de lugares incríveis, de aventuras fascinantes, de caronas malucas, de albergues sem hora para sono, de encontros casuais e preciosos com o tempo de outras pessoas, de outros países, de outras culturas.

Queria ter escrito um livro integralmente feliz, mas Tom e Vinícius chegaram antes de mim, cantarolando: "Tristeza não tem fim, felicidade sim".

O astronauta veste sua proteção para atravessar o deserto do social, de suas representações, suas emoções e seus abismos. Não tem somente tristeza, mas tem muito da vida sendo a vida, com sua fúria e seu encantamento. Esse deserto também é multifacetado, conseguindo arrancar muitas vírgulas para seguir com bravura.

Ofereço, enfim, a minha palavra como experiência de reconhecimento, buscando um fôlego de sentido.

Brasília, DF, setembro de 2018

I
SOBRE A VIDA

[PAI DE MENINA: O QUE DESEJO PARA MINHA FILHA[1]]

Desejo que ela possa sentir a natureza não por meio de desenhos no quadro, imagens no projetor ou do lado de dentro dos altos muros dos condomínios modernos. Quero que ela pise no chão, descalça, que corra com os bichos, veja as esquinas, que carregue seus anseios para a próxima rua, a próxima quadra, o próximo pé de manga. Anseio que ela tenha prazer em pensar, em refletir; que leia Rubem Alves, Jorge Amado, Pablo Neruda, Guimarães Rosa, Adélia Prado, Sérgio Vaz, Leopoldo Zea, Nietzsche, Shakespeare, Clarice Lispector, Chuck Palahniuk..., que aprenda que a América Latina, nosso canto do mundo, não tem "vocação agrária" e que o nosso suposto "atraso" não vem de termos sido uma colônia de exploração. A colonização, para além do material, vive também no nosso (in)consciente, no nosso flerte avassalador com a ótica do mundo-fábula, do padrão "dois hambúrgueres, alface, queijo, molho especial...".

Desejo que ela possa conhecer e pôr em xeque o legado dos séculos passados, não para naturalizar o modo de produção capitalista e/ou para flertar com a tática da história linear (sempre rumo ao progresso, ao desenvolvimento), mas para reconhecer o seu anacronismo e a sua fúria. Desejo que ela vislumbre os povos-testemunho (maias, incas e astecas), que reconheça nossa latinidade, nosso modo de falar, de pensar, que sofra com os nossos desafios e que tenha bravura para superá-los.

---

1. Uma versão anterior deste texto foi publicada no blog do autor: http://obviousmag.org/esquina/2016/pai-de-menina-o-que-desejo-para-minha-filha.html.

Almejo que ela se reconheça como mulher não apenas por oposição, como se houvesse um papel destinado aos homens e outro às mulheres, cabendo a elas posições rebaixadas nas estruturas sociais. Eu gostaria que, na vida que se avizinha, jovens não fossem mais mortas pelos seus namorados ou companheiros; que o patriarcado fosse fulminado pela radicalização dos discursos e das práticas de igualdade da mulher no trabalho, na família; que pular o Carnaval não significasse estar vulnerável diante da testosterona máscula. Gostaria que, enfim, ser mulher não fosse perigoso!

Mas, como a paisagem próxima ainda é borrada, desejo à minha pequena flor que ela possa vencer os obstáculos, não sem luta, não sem fúria, e possa ser o que ela ambiciona. E que, sendo o que ela desejar ser e ao lado de quem ela amar, tudo pareça tão pleno que ela não se sinta diferente ou pressionada pelos olhares dos outros.

Desejo que "ordem e disciplina" seja apenas um mantra para colocar as ideias no lugar e ter objetividade para alcançar os seus sonhos. Que uniformes, chamadas, regras de urbanidade possam ser compreendidos como leves empecilhos à dinâmica de sua formação. O importante é ter repertório para criticar, dissentir, discordar, acrescentar.

Anseio que ela passe longe das idealizações religiosas de separação e supervalorização da mente sobre o corpo, numa espera eterna por um paraíso indizível. Quero que os mistérios da vida possam ser sentidos, que as sensações possam ser potencializadas, que o mundo seja visto, interpretado e engolido com *todos los colores*.

Que não se desespere por *casamento, dinheiro, consumismo, aceitação social*. Que, ao compreender seu projeto e seu papel no mundo, sinta um poder e uma força inenarráveis e, num passe de mágica, tudo se torne possível de novo.

Que, com a quietude do mundo diante da opressão, ela se inquiete, se revolte; que, parafraseando Carlos Drummond de Andrade, suas palavras possam ir buscando canal, roucas e duras, e possam explodir.

Que viaje pelo mundo e que, deparando-se com sua vastidão de possibilidades, tenha conversa, assunto e descobertas para todos os dias de sua vida. Que possa perder o sono diante da pluralidade do ser humano, das suas mais diversas formas de compreensão da religião, da política, do amor, da vida e da morte.

Desejo também que ela tenha um emprego e um lugar para morar, mas que, acima de tudo, possa estar feliz consigo, seja qual for o trabalho, seja qual for a casa. Anseio que eles sejam o resultado de suas maiores aspirações.

Que tenha amigos e amigas de verdade, que sorria com eles e elas, que chore com eles e elas. Que namore e, se assim desejar, que não se case, mas tenha um companheiro ou uma companheira de diálogo, de aventuras; e que possa ser arrebatada por um grande amor ao menos uma vez durante seu percurso.

Ainda que sejam poucos, quero que existam momentos em que, como diz o poeta William Blake, ela possa

Ver um mundo em um grão de areia
e um céu numa flor silvestre,
segurar o infinito na palma da mão
e a eternidade em uma hora.

É preciso também levar beleza no olhar. Hoje seu mundo é de beijos, abraços e olhares afetuosos. É dessa forma que anunciamos a vida e o mar de fogueiras que a esperam. Logo, logo poderei falar sobre o mundo olhando dentro dos seus olhos e esperando alguma compreensão mais exata.

Recontarei a ela uma curta história narrada pelo grande escritor uruguaio Eduardo Galeano em *O livro dos abraços*:

Um homem da aldeia de Neguá, no litoral da Colômbia, conseguiu subir aos céus. Quando voltou, contou. Disse que tinha contemplado, lá do alto, a vida humana. E disse que somos um mar de fogueirinhas.
— *O mundo é isso* — revelou. — *Um montão de gente, um mar de fogueirinhas.* Cada pessoa brilha com *luz* própria entre todas as outras. Não existem duas fogueiras iguais. Existem fogueiras grandes e fogueiras pequenas e fogueiras de todas as cores. Existe gente de fogo sereno, que nem percebe o vento, e gente de fogo louco, que enche o ar de chispas. Alguns fogos, fogos bobos, não alumiam nem queimam; mas outros incendeiam a vida com tamanha vontade que é impossível olhar para eles sem pestanejar, e quem chegar perto pega fogo.

Que ela seja esse *fuego loco*!

Por fim, se mesmo com fúria, ardor, bravura, encantamento, vontade plena, lágrimas e sorrisos, ainda assim, somente restar o desespero, desejo que ela possa levantar a cabeça e dizer para si mesma, parafraseando Drummond: se essa é a ordem, meu nome é tumulto.

Por hoje, é só o que desejo!

[LOTERIA]

Um dia ruim, por vezes uma semana, um mês e até um ano inteiro, não pode significar uma vida inteira de desespero. Foi o meu primeiro estalo assim que despertei de manhã. Pulei da cama, resolvi toda a higienização burocrática socialmente exigida e tomei o caminho da rua.

Entrei na casa lotérica e peguei um canhotinho daqueles. Li as regras estampadas sobre o meu possível azar em "dar na cabeça" e levar alguma bolada, mas tamanha era a fila que resolvi me juntar àquele coro de almas em busca de um milhão.

Eram dez horas da manhã. Saí dali apertando aquele papel com números pintados e registrados que logo mais à noite poderia me render um giro de cento e oitenta graus em minha vida.

As pessoas conversavam comigo durante o dia, diziam telefones, números de processos, horários, mas meu foco estava em esperar dar oito horas da noite para que o tapete vermelho dessa vida fosse, enfim, estendido para meu pequeno ser.

Lá pelas tantas, absorto em um real otimismo, comecei a imaginar o que faria primeiro com a grana, o que deixaria de fazer, para onde iria, a quem contaria... Dirigi imaginando paraísos que conheceria mundo afora e, quem sabe, até alguma viagem espacial que poderia comprar.

Sentei para almoçar, deixei a mochila na cadeira ao lado e passei a imaginar as comidas que teria a oportunidade de experimentar. Voltei ao trabalho, religuei o computador e viajei por festas, culturas, livros e pessoas que teria a oportunidade de conhecer.

Ao final do dia, percebi que havia tomado duas multas de trânsito enquanto dirigia, além de ter me esquecido da mochila no restaurante e ainda tomado uma bronca do chefe pelo serviço acumulado. Mas nada daquilo importava.

Às oito da noite, eu somente olhava pelos meus lindos números: 02-05-09-20-33-54. E lá vem chacoalhando a urna, e desce a primeira bola: 03... e mais uma, 06... e tome outra, 10... madeira, 21... manda a boa, 34... ainda dá, 55.

Mas que "feladaputagem" foi essa? Jogo de azar do caralho! Será que alguém ganha isso?

[PRISÃO-MONOGAMIA[2]]

Não faço coro com reacionários de toda roupagem que esperneiam a necessidade de retorno a um tempo idílico em que as coisas e as pessoas pareciam estar todas em seus devidos lugares. "Porque no meu tempo...". Esse tempo ordeiro não existiu, pois a ordem das coisas sempre foi a ordem das relações sociais marcadas pelo machismo, pela moralidade religiosa, pela patrulha ideológica institucional, pelas disfuncionalidades no interior das relações afetivas e pela desigualdade social total.

Em seu importante artigo sobre sexualidade e poder, "Currículo, gênero e sexualidade – refletindo sobre o 'normal', o 'diferente' e o 'excêntrico'",[3] Guacira Lopes Louro afirma que "a verdade é plural, que ela é definida pelo local, pelo particular, pelo limitado, temporário, provisório". O corpo é a primeira instância interpretativa do nosso "paranauê". No campo masculino, somos culturalmente construídos sem limites (também existem pressões sobre como "ser homem"): menino brinca com o "pintinho" desde cedo; se tem irmã(s) e os quartos não são suficientes para cada uma das individualidades, sempre fica com o melhor quarto ou com um cômodo só pra ele; menino assiste a filme pornô na casa do "bróder" (com todas as implicações psicológicas da exposição antecipada); menino mede o pinto, brinca de quem goza mais longe, analisa a textura de sua produção; menino se toca desde cedo, aprende o prazer em tenra idade; menino anda sozinho na rua tarde da noite sem a preocupação

---

2. Uma versão anterior deste texto foi publicada no blog do autor: obviousmag.org/esquina/2017/monogamia-por-que-nao-te-quero.html.
3. Publicado em *Labrys: estudos feministas*, Brasília, n. 1-2, jul./dez. 2002. Disponível em: www.labrys.net.br/labrys1_2/guacira1.html.

que (ainda) permeia o mundo das mulheres; menino sonha em ser astronauta, jogador de futebol, artilheiro; menino aprende que tem que ser "macho", que precisa ter postura, voz, capacidade de raciocínio; menino aprende que é o dono do mundo.

Sim, chegamos a um lugar-comum do discurso, mas é preciso repetir que a sociedade em que vivemos é falocêntrica: eleva o masculino ao papel de centralidade do ser, sentir e fazer. É nessa moldagem que os nossos corpos vão se formando, tomando postura, ação. Em outro artigo, "Corpos que escapam",[4] Guacira afirma que "os corpos são o que são na cultura". Com precisão, ela transmite que, se o corpo fala, ele "o faz através de uma série de códigos, de adornos, de cheiros, de comportamentos e de gestos que só podem ser 'lidos', ou seja, *significados* no contexto de uma dada cultura".

Muita informação?

Bem, apenas quero dizer, somando minha voz à de centenas de outros e outras, que os padrões morais impostos ao nosso corpo e as formas de expressão da nossa sexualidade têm lugar e formação nas disputas sociais e na formação cultural de nosso tempo. Tais disposições não nascem em árvores, são semeadas e cultivadas diuturnamente por braços humanos.

Muito relativismo?

Há algum tempo, tive a oportunidade de visitar o sítio arqueológico de Palenque, nas montanhas do estado de Chiapas, no México. Num determinado momento do passeio, deparei-me com os banheiros maias. Atento à explicação do guia, aprendi a posição em que os antigos deixavam suas lembranças, cagavam: era de cócoras, joelhos na altura do queixo. Isso possibilitava o completo esvaziamento e a limpeza do organismo. Resumindo: se até a posição de cagar

---

4. Publicado em *Labrys: estudos feministas*, Brasília, n. 4, ago./dez. 2003. Disponível em: www.labrys.net.br/labrys4/textos/guacira1.htm.

hoje não é natural, revelando as complexidades no interior da nossa cultura, talvez valha a pena relativizar velhas e encardidas concepções sociais sobre relacionamentos e sobre nossos corpos.

Tive namoros tradicionais. Eles podem ser ótimos. A tentativa de construção de um laço afetivo mais íntimo, os telefonemas diários, as cartinhas, os almoços em família, as possíveis conversas infindáveis e os sorrisos largos. Porém, não me deixo esquecer de que namoros não tradicionais podem contemplar esses prazeres também, sem contraindicações. Namoros tradicionais, entretanto, na média, são combos recheados de cláusulas de adesão, regras indiscutíveis, modelos requentados, verdades e certezas imaculadas.

Namoros tradicionais são como uma casa herdada, mas muito mal decorada, com o bônus de não precisar fazer reformas, mas com a pressão de deixar em pé as estruturas. São, em verdade, frentes de trabalho. Tem quem goste de uma casa mal decorada e nem ache tão ruim não ser instigado a refletir sobre o que se apresenta. Não vou me aprofundar nos exemplos para não correr o risco de ser reducionista, partindo apenas da nebulosidade do meu lugar de fala, mas tem sempre alguém que solta as frases: "Vai casar por quê?", "Então, oito anos de namoro, tava na hora".

O assunto dá pano pra manga. Fico nas preliminares desde muito antes do casamento. Meu ponto é o seguinte: como viver um relacionamento sem aprisionar o corpo e a mente? É possível viver uma vida de prazer e leveza a dois?

A resposta talvez repouse na forma como se supõe que a escolha tenha sido feita. Monogamia, por que te quero? Quero? Você quer?

Você, mulher ou homem, já parou para pensar quantas brigas e desentendimentos com o seu ou a sua parceira atravessaram a questão da monogamia ou, ao menos, essa utopia da exclusividade?

Em primeiro lugar, e já tardiamente, esclareço que a monogamia de que falo é aquela regra que existe como imposição, dotada da esperança da inviolabilidade e a respeito da qual qualquer conversa é capaz de enfurecer os deuses (ou as deusas). Falo da monogamia enquanto fato social (o velho Durkheim precisou ser invocado neste ponto, mas sem pedantismo). Isto é, uma dada realidade preexistente, dotada de força conformadora, com atuação sobre os indivíduos, independentemente de sua vontade ou de sua adesão consciente e com bastante regularidade na sociedade. Trata-se de uma ideia de monogamia que procura se firmar como essência para todo e qualquer relacionamento.

Conheço gente que, aparentemente (nunca se sabe como é na vera), vive uma relação monogâmica. Na verdade, nem gostaria de nomeá-los assim, com essa carga de culpa e/ou virtude cristã. Apenas acho que ambos se curtem, por ora, sem outras interferências e participações. Vivem aquilo de maneira leve e sincera. Não são um só corpo, são dois indivíduos, com suas histórias e necessidades, mas feitos de afeto e intimidade nesse momento da vida.

Conheço também um bocado de gente que bate cotovelo nesse temor delinquente de nunca permitir que as porteiras do coração do outro estejam abertas.

Esclareço que este texto é escrito em azul por limitação própria mesmo; assim, não vai tratar das centenas de milhares de casos de violências doméstica e familiar contra a mulher que ocorrem no país, na tentativa não apenas de forçar certa dose de monogamia, mas também de domesticar os corpos, os desejos, os sentimentos do outro. Essa é a parte triste e real de muitos relacionamentos a dois que acabam se tornando prisões a dois.

Por ora, falo em nome de certo grau de civilidade na análise, na discussão, na escolha e na decisão por uma forma de relacionamento, nunca num purismo utópico, como se nossas camadas grossas de inconsciente não estivessem, desde cedo, impulsionando-nos num determinado sentido.

Sentimos prazeres e sabores diferentes com cada pessoa que passa ou fica em nossas vidas. Temos necessidades e vontades diferentes, mesmo estando com aquela pessoa escolhida. Ser e estar com outra pessoa não tira nenhuma singularidade dos afetos experimentados.

Por outro lado, não saio por aí gritando aos quatro ventos a necessidade de romper todas as barreiras da emoção/relação e plantar cafezais de relacionamentos abertos, ficantes, amantes casuais e "PAs". Apenas faço certo esforço, do meu lugar de fala, com todas as contingências reinantes, para levantar bandeira contra as reincidentes canalizações de todas as emoções na figura de um ou uma só (imaginemos as frustrações e os desesperos quando não dá certo).

Argumento contra a naturalização da ideia de monogamia e, mesmo, de casamento, como se fosse algo cogente da vida em sociedade. Abro um grande parêntese para dizer que, assim como a faca de cozinha, que corta muito bem um pão francês mas é imprestável para serrar um ferro, o casamento, na mesma toada, consegue ser motivo de alegria apenas para algumas pouquíssimas pessoas, enquanto para outras não vai se prestar a nada de bom.

Falo também contra o bloqueio do prazer, principalmente do feminino, como se cada mulher não fosse dotada da normal vontade de suar, em diferentes e múltiplas dimensões. Afinal, homem sempre se resolveu sexualmente, apesar de qualquer "regra" em contrário.

Conversar sobre monogamia não significa trazer a "fuleragem" para dentro de casa. Pode, isto sim, abrir as janelas para arejar a vivência e, quem sabe, tornar tudo possível de novo.

Cada um e cada uma pode, caso a caso, refazer os caminhos do prazer e dotar o seu relacionamento de fluidez. Com monogamia ou sem monogamia, vai continuar exigindo esforço. Sem monogamia, porém, o relacionamento vai deixando de ser vivido como uma frente de trabalho, que requer contínuos investimentos, renovadas doses de oração e "força". Quem fica, fica porque quer!

No final das contas, considero renovadora a possibilidade de tentar transformar erros em ouro.

"Liberdade! Liberdade! Abra as asas sobre nós!"

[LEVARAM TUDO]

Levaram meus arquivos pessoais, minhas anotações, meu computador, *pen drives*, memórias externas. Carregaram uma parte grande dos meus pensamentos e registros. Tanta coisa que nem consigo me lembrar mais daquele eu outrora registrado.

Em algum lugar dos itens subtraídos, penso que eu havia escrito um plano para salvar o mundo das cáries, jorrando quilos de pasta de dente em tubos que também levavam alegrias.

Também acho que havia em uma pasta do meu computador algum arquivo chamado "Como Ser Feliz", no qual havia um plano bem prontinho para distribuir sorrisos, ter foco e compromisso, acordar cedo, não ficar estressado, amar incondicionalmente, ser um amante regular e ser organizado para juntar grana o suficiente para quitar meu financiamento.

Devia haver fotos subindo a rampa do Congresso Nacional, bradando utopias no gramado, correndo na Praça dos Três Poderes, tomando bomba da Polícia Militar. Devia haver curtos textos tratando dessas jornadas, sempre terminados com esperanças vãs.

Devia haver fotos de amores antigos, de situações inusitadas, de cachoeiras inesquecíveis.

Devia haver arquivos em PDF de uma edição perdida de um pequeno jornal universitário escrito lá pelos idos de 2008, juntamente com meu "brotha", em que entoávamos "liberdade de expressão, na prática".

Devia haver fotos de jovens adolescentes assistindo e participando de aulas, debates e palestras sobre política e cidadania nas escolas públicas do Distrito Federal. O que deve ter sido um tempo bom, de boas práticas, de inovação, de esperança positiva.

Devia haver uma pasta com fotos de cada mês completado pela minha filha, desde o seu primeiro dia de vida. Pastas organizadinhas, recheadas de lembranças boas. Devia haver.

Devia haver o textão que escrevi para o meu pai, não para demonstrar raiva ou rancor, mas pra fazer justiça a uma memória viva dentro de mim, pois não admitia que ele vivesse sem saber como eu pensava a sua paternidade. Disso me recordo apenas que foi um caminhão de palavras necessárias.

Devia haver centenas de fichamentos de livros que li e já nem me lembro mais, mas que foram importantes nessa minha caminhada. Devia haver anotações de pensamentos bem tristes pós-leitura de *Cem anos de solidão* e outras bem engraçadas pós-*Fêmea alfa*. Zygmunt Bauman devia borbulhar por lá também, bem como alguma *Verdade tropical* e outras tantas Clarices.

Mas levaram tudo e que façam bom proveito!

[*VADE RETRO*]

A *body piercer* falava muito e eu não entendia muita coisa. Saquei apenas o valor cobrado e que talvez o furo desse merda, mas isso também devia ser confusão da cabeça dela, assim como seus alegados dezessete furos espalhados pelo corpo. Dentro da salinha separada para o ato, sua auxiliar falava sobre festas juninas e ela balançava a cabeça de forma negativa. Entrei na jogada e tratei de também enumerar as diversas gostosuras dessa época festiva do ano, mas a moça dos dezessete *piercings* continuava a balançar negativamente a cabeça.

Lá pelas tantas, ela interrompeu nossa conversa para dizer que havia colocado um *piercing* nas bolas de outro cara e outro na cabeça do pau do sujeito. Deve ter doído mesmo. Ela apenas afirmava repetidamente que "foi de boa" fazer aquilo.

Mas nós queríamos mesmo era falar da maçã do amor, do milho assado e da canjica e a moça continuava a balançar a cabeça.

Em dado momento, ela irrompeu em repreensão e disse não gostar de festa junina, por ser "moça crente".

— "Cê" sabe, né? Pra comer alguma coisa da festa de São João, mãezinha tem que repreender, *vade retro*, Deus me livre. E mesmo assim como desconfiada.

Ninguém falou mais nada. Naquele silêncio seguinte, eu é que passei a ficar desconfiado com ela segurando minhas bolas. Não soube pra qual santo rezar, nem mesmo se a falta de Deus dela era a mesma que a minha.

Ela não repetiu o *vade retro* durante a perfuração. Ainda bem que era um saco e não um milho verde.

[CAQUIS VOADORES]

Ela é índia, morena-jambo, olhos grandes, cabelos escuros. Fala alto, ri forte, abraça quente, gosta de um bom papo sobre a vida.

Um dia, numa das pausas do trabalho empapelado e corrido, pediram-lhe que cortasse um caqui que a aguardava na cozinha. Ela se levantou e começou a caminhar, enrolada em cachecóis e blusas de frio numa tarde quente-fria do inverno quadrante do Brasil Central.

Ao pegar a fruta encarnada, tomou-se por completo de Rubem Alves e pôs-se a chorar diante do alimento macio.

Havia comido maçãs na noite anterior e tudo era tão vazio, aquela casca num vermelho longínquo, aquela carne dura, aquele gosto de doce superficial.

Aquele caqui era literal, sem meios-termos, ele gritava Rubem e dizia "me coma". Bastou relar o dedo nele para que se despisse e seu sumo vermelho começasse a escorrer.

Lucimara encheu-se de vida e saiu a pingar gotas rubras de vida por todos os lados, gritando borbulhas, não havia mais comedimento.

Naquele dia, não houve capa de processo nem documento que não houvesse sido lambrecado da fruta doce, vermelha e molhada.

Lucimara continua rindo alto, abraçando com sinceridade e bradando caquis revolucionários na vida dos "serumaninhos".

[PASTA DE DENTES]

Certa vez, assisti a uma peça em que o ator, como numa passagem autobiográfica da encenação, contava que, quando era pequeno, o primeiro a acordar passava pasta de dente nas escovas de todas as pessoas da casa.

Achei isso tão lindo. Um carinho mais forte e mais sincero que um bom-dia frio, seco e automático.

II
SOBRE O TRANSCENDENTAL

[DEUS NÃO É UM DELÍRIO]

Émile Durkheim (1858-1917) e Max Weber (1864-1920) foram homens que dialogaram com o seu tempo: um período de ascensão da burguesia francesa, de crescimento do movimento operário e de forte crise política.

Durante a Primeira Guerra Mundial, Durkheim perdeu um de seus filhos, situação que contribuiu para o seu quadro de adoecimento no final da vida. Weber, por seu turno, que chegou a trabalhar como diretor de hospitais durante o conflito bélico e como consultor na realização do Tratado de Versalhes, sentia-se envergonhado pela forma como a Alemanha fora humilhada após a derrota; morreu de gripe espanhola e deixou parte de sua obra inacabada.

A religião, no pensamento desses autores, em maior ou menor grau, tem espaço considerável e importante. Durkheim viu na religião um fator gerador de coesão entre as pessoas. Weber viu no fenômeno religioso um dos epicentros do processo de racionalização da sociedade europeia. Em síntese, nos dois pensadores, é possível dizer que a crença numa força motriz inicial, num Deus, por exemplo, não constitui um delírio.

Durkheim e a questão de a religião ser algo eminentemente social
No livro *Formas elementares da vida religiosa*, Durkheim afirma que os universos religiosos permitem transcender o mundo imediato, ou seja, para existirem, as sociedades produzem representações, quadros, imagens interpretativas que lhes são estruturalmente necessárias.

Nessa mesma obra, editada originalmente em 1912, Durkheim procurou se afastar da ideia de que a religião seria uma simples ilusão, pois os mitos mais estranhos traduzem alguma necessidade humana, algum aspecto da vida, quer individual, quer social. Assim como diversos autores de seu tempo, Durkheim procurava elementos que dessem conta das origens da vida social. Nesse livro, há uma tentativa de entender como os universos religiosos dão liga e acabam servindo de cimento à diversidade social.

Nas palavras de Durkheim, "se a filosofia e as ciências nasceram da religião é porque a própria religião, no princípio, fazia as vezes de ciência e de filosofia".

Weber e o fenômeno religioso

Em *As etapas do pensamento sociológico*, Raymond Aron questiona em que medida uma atitude particular em relação ao trabalho, determinada por crenças religiosas, teria constituído o fato diferencial capaz de explicar o rumo singular da história do Ocidente. Esse também era o questionamento que guiava Max Weber no seu clássico estudo sobre *A ética protestante e o espírito do capitalismo*, para o qual chegaria a possíveis conclusões, sem projeção de totalidade, de que havia uma afinidade espiritual entre *certa visão do mundo* e *determinado estilo de atividade econômica*.

Weber destacava, de proêmio, que o impulso para o ganho, a persecução do lucro, do dinheiro, da maior quantidade possível de dinheiro existe e sempre existiu entre os mais diversos indivíduos e grupos sociais. Nesse sentido, não haveria *um* capitalismo, mas sim *capitalismos*. A hipótese traçada por Weber é a de que certa interpretação do protestantismo criou *algumas* das motivações que favoreceram a formação do regime capitalista.

Weber acreditava estar claro que a participação de protestantes na propriedade do capital, na direção e nos postos de trabalho mais elevados das grandes empresas modernas industriais e comerciais, é relativamente mais forte, ou seja, superior à sua porcentagem na população total, e isso se deve em parte a razões históricas que remontam a um passado distante em que o pertencimento a uma confissão religiosa não aparece como causa de fenômenos econômicos, mas antes, até certo ponto, como consequência deles.

Nesse quadro, Weber afirma, em *A ética protestante e o espírito do capitalismo*, que os protestantes, seja como camada dominante ou dominada, seja como maioria ou minoria, "mostraram uma inclinação específica para o racionalismo econômico que não pôde e não pode ser igualmente observada entre os católicos, nem numa nem noutra situação".

No rompimento com a tradição cristã católica, reconhece-se que o único meio de viver que agrada a Deus não está em suplantar a moralidade intramundana pela ascese monástica, mas sim, exclusivamente, em cumprir os deveres intramundanos tal como decorrem da posição do indivíduo na vida, a qual por isso mesmo se torna a sua "vocação profissional".

Voltando às explicações abrangentes e didáticas de Raymond Aron, o trabalho racional, regular, constante, termina sendo interpretado como a obediência a um mandamento divino. Neste mundo de pecado, o "crente" deve trabalhar na obra de Deus. O indivíduo se dedica ao trabalho para vencer a angústia provocada pela incerteza da salvação.

Para finalizar

O título deste texto remete ao livro *Deus, um delírio*, no qual o biólogo e escritor britânico Richard Dawkins afirma que "quando uma pessoa sofre um delírio, isso se chama insanidade. Quando muitas pessoas sofrem um delírio, isso se chama religião". A abordagem de Dawkins vai longe, percorre caminhos históricos e filosóficos e, de forma bastante inteligente, tenta demonstrar seus argumentos. Entretanto, ouso discordar de sua formulação principal, de que Deus é um delírio.

Podemos e devemos criticar as religiões, seus dogmas, suas práticas e suas hipocrisias, mas o universo religioso possui uma dimensão lógica que atravessa todo o sistema de conhecimento. Considerar que bilhões de pessoas mundo afora estão simplesmente delirando, por outro lado, é deixar de revelar a complexidade por trás do pensamento religioso e negar seu valor sociofilosófico.

Vou até Umberto Eco, nas correspondências de *Em que creem os que não creem?*, trocadas com um dos mais importantes cardeais da Igreja Católica, e me valho da sua alegoria:

> Procure, Carlo Maria Martini, para o bem da discussão e do confronto em que acredita, aceitar, mesmo que por um só instante, a hipótese de que Deus não exista: que o homem, por um erro desajeitado do acaso, tenha surgido na Terra entregue a sua condição de mortal e, como se não bastasse, condenado a ter consciência disso e, portanto, que seja imperfeitíssimo entre os animais. Este homem, para encontrar coragem para esperar a morte, tornou-se forçosamente um animal religioso, aspirando construir narrativas capazes de fornecer-lhe uma explicação e um modelo, uma imagem exemplar. E entre tantas que consegue imaginar – algumas fulgurantes, outras terríveis, outras ainda pateticamente consoladoras – chegando à plenitude dos tempos, tem, em um momento determinado, a força religiosa, moral e poética de conceber o modelo do Cristo, do amor universal, do perdão aos inimigos, da vida oferta em holocausto pela salvação do outro. Se eu fosse um viajante proveniente de galáxias distantes e me visse diante de uma espécie que soube propor tal modelo, admiraria, subjugado, tanta energia teogônica e julgaria redimida esta espécie miserável e infame, que tantos horrores cometeu, apenas pelo fato de que conseguiu desejar e acreditar que tal seja a verdade.

Assim, enquanto hipótese separada abstratamente de toda a teia de relações e significados, Deus pode até ser um delírio, mas em seus conteúdos, direcionamentos e práticas, mentes e braços humanos pavimentam quilômetros de experiências religiosas complexas, dando força e forma à ideia de um Deus, sem que se possa necessariamente cogitar uma perturbação grave na capacidade mental de processamento de informações.

Sim, há certa beleza na imagem religiosa se imaginada como criação humana.

[O JUSTO SOFREDOR]

O livro bíblico de Jó é um livro triste, em que, para mim, não há redenção possível e tudo é ilógico e sádico.
O texto, de autor desconhecido, provavelmente situa-se no século V a.C. e trata do problema do sofrimento. Na história, Deus e Satanás travam um diálogo, em que este, após caminhar como um *bon vivant* pelo mundo, encontra seu criador, que o interpela, havendo então provocações recíprocas. Sim, Deus e o Diabo conversando amistosamente em tom de provocação.
Deus mostra sua fiel criatura ao Diabo, que duvida da capacidade de amor de Jó. Deus, assim, cede ao Diabo, permitindo que ele toque todo o patrimônio e a vida dos filhos de Jó, como forma de provar que, ainda sim, ele se sustentará nos desígnios do Senhor.
Sai Mefisto todo contente e arrasa as terras e os filhos de Jó, fazendo-o cair ao chão. Mas, mesmo assim, Jó bendiz a Deus: "nu saí do ventre de minha mãe, nu voltarei. O Senhor deu, o Senhor tirou: bendito seja o nome do Senhor!" (Jó 1, 21).
Após algum tempo de boas andanças, a criação de Deus novamente se apresenta a ele, momento em que Jó é lembrado pela sua retidão e por não ter descido de sua fé. Satanás, por sua vez, interpela Deus, dizendo: "Pele por pele! [...] toca-lhe nos ossos, na carne; juro que te renegará em tua face" (Jó 2, 4-5).
E, de novo, pasme, Deus entrega seu fiel servo, aquele que já havia perdido todas as suas terras, suas criações e seus próprios filhos, nas mãos do Satanás: "Pois bem, ele está em seu poder, poupa-lhe apenas a vida" (Jó 2, 6). E Jó é ferido com uma lepra maligna, que o acomete da planta dos pés até o alto da cabeça.

Também, durante as extensas conversas, Jó a todo momento se sente absolutamente injustiçado, demonstrando seu sofrimento e sua revolta. Fica claro, assim, que Jó aceitaria seu sofrimento como lhe fora impingido, desde que soubesse a devida causa.

A história, em síntese, segundo a tradição cristã ocidental, pretende demonstrar que também pela dor o homem é instruído e que Deus é grande demais para que possamos conhecê-lo; a velha máxima de que Deus tem planos que não temos discernimento para compreender, sendo que seria uma arrogância questionar tais desígnios, pois nos colocaria em lugar de mais sábios que o criador: não cabe ao homem julgar o modo divino de proceder.

O Deus cristão aparece ao final da história e responde a Jó, reconhecendo-o como justo, mas que não agiu corretamente, por ter tentado desvendar os planos misteriosos do Senhor. As provações mandadas seriam uma forma de justiça e de bondade, cabendo ao ser humano humilhar-se em paciência e esperança.

Jó, assim, restabelece sua saúde imediatamente, tem sua riqueza multiplicada muitas vezes mais que outrora, tem mais dez filhos e vive mais cento e quarenta anos, conhecendo a quarta geração de sua família. Morre de velhice.

Satanás, para minha curiosidade eterna, não é reintegrado ao final da história, não ficamos sabendo quais seriam suas conclusões acerca do ocorrido. Logo ele, que conseguiu provocar e ter um pouquinho do sabor de, como um fiscal corrompido do governo, aplicar sanções apenas ao seu bel--prazer. Logo ele. Deve estar andando por aí, a se divertir pelo mundo, enquanto Deus, há séculos, brinca de nos trazer privações, novas lepras e contínuos sofrimentos.

Nunca vou entender essa história. Talvez eu nem queira. Se tentasse, possivelmente começaria a lançar provações sobre minha filha, colocando ratoeiras pelo jardim, formigas em sua cama e arrancando-lhe as unhas das mãos... tudo como forma de saber de seu amor por mim. Meu proceder costuma ter conotação de amor, de carinho e de abraços, de conversas generosas, de repreensão construtiva e de muita, muita brincadeira.

Será o meu amor maior que o de Deus?

[VELHA HISTÓRIA]

No início, tudo era Caos, confuso, sem forma. Terra, céu e mar eram misturados, abarcando todas as coisas em si. "Deus" e essa massa disforme finalmente se interpuseram. A terra se separou do mar, constituindo a parte firme. O céu subiu e a água alojou-se no nível inferior, pairando a boiar. Em seguida, algum deus concedeu os seus bons ofícios a fim de organizar e dispor a terra. Escolheu os lugares onde ficariam os rios, elevou as montanhas, cavou os vales, distribuiu as florestas, os campos férteis e as planícies rochosas. Quando o ar clareou, as estrelas começaram a aparecer, os peixes se apossaram do mar, os pássaros tomaram o ar e as bestas de quatro patas dominaram a terra.

Não, não estou tratando do livro de Gênesis da Bíblia. Sendo um animal mais nobre e desejado, o ser humano foi feito. Prometeu tomou um pouco de terra e, modelando-a com água, fez o ser humano à imagem dos deuses. Deu a ele postura ereta, de tal modo que os animais voltavam suas faces para baixo, olhando para a terra, e o homem ergue o rosto para o céu e divisa as estrelas.

Prometeu era um dos titãs, uma raça de gigantes que habitava a terra antes da criação do homem. Ele e seu irmão Epitemeu foram incumbidos de fazer o homem e dotá-lo, bem como a todos os outros animais, das faculdades necessárias à sua preservação. Reza a mitologia que a mulher ainda não havia sido feita. Zeus, então, resolveu fazê-la e enviá-la a Prometeu e a seu irmão, para puni-los pela presunção de roubar o fogo do céu – o que teria dotado o ser humano de faculdades superiores às dos outros animais.

A primeira mulher chamava-se Pandora. Ela foi feita no Olimpo e cada deus contribuiu com algo para aperfeiçoá-la.

Equipada com novos dons recebidos, foi conduzida à Terra como forma de abençoar o homem. O ser humano, por seu turno, recebeu também uma caixa, como um presente de casamento, contendo várias dádivas. Pandora, acometida de curiosidade doentia, abriu a caixa e todas as dádivas saíram, escapando das mãos dos humanos, restando apenas a esperança.

Sim, houve um tempo em que a Bíblia do cristianismo e os principais textos que dela surgiram ou que a ela deram origem ainda não estavam disponíveis na banca de jornal da esquina. Houve muitos e muitos povos da Antiguidade que, portanto, tinham sua própria forma de contar o mundo e seu desenrolar dos fatos.

Assim como deus não é um delírio, os outros pensamentos religiosos diferentes do seu também não o são. Potencializador, não?

[A PAIXÃO DE CRISTO]

Por que Cristo morreu na cruz? O livro sagrado do cristianismo diz em João 3, 16 que: "Deus amou de tal modo o mundo que lhe deu seu único filho, para que todo aquele que nele crê não pereça, mas tenha vida eterna". Então, Deus entregou seu único filho como um gesto de sacrifício na troca entre ele e o homem – a criatura?

Mas se Deus é onipotente e onisciente, quem exigiu tal retribuição? Ele mesmo? Em termos práticos, Deus sacrifica seu filho como o representante da humanidade para satisfazer a necessidade dele próprio?

Ou será que Deus não é onipotente? Sua criação degenera em terríveis consequências descontroladas, sendo a única maneira de restabelecer o equilíbrio, a paz e a justiça o sacrifício daquilo que lhe é mais precioso.

O filósofo esloveno Slavoj Žižek, em *O amor impiedoso*, tentou me dar a pista, contudo por meio de um novo questionamento: "o que estava em jogo, então, não era apenas o amor de Deus por nós, mas também o seu desejo narcisista de ser amado por nós mesmos?".

Que mundo invertido é esse que ensinam por aí?

Estou com dor de cabeça... Dizem que preciso orar. Penso apenas que uma Sedalgina vá bem.

III
SOBRE AS MEMÓRIAS

[UM TREM PARA AS ESTRELAS]

A narrativa começa com a sonda Voyager 1, lançada pela Nasa em setembro de 1977 para explorar outros planetas do nosso sistema solar. Um ano antes, o jovem Steven Paul Jobs lançava o seu Apple Computer. No mesmo ano do *programa Voyager*, *Star Wars* chegava aos cinemas tratando de galáxias distantes e de batalhas pela *Força*. Charles Chaplin partiria fora do combinado, pouco tempo depois de Elvis também se retirar para tremular o gingado de suas pernas em outros mundos. Mas esses são apenas alguns dados, decerto importantes, mas sem ligação estrita com nossa viagem.

Em pensamento, viajei rumo às estrelas, ao encontro do desconhecido, navegando com a Voyager 1 pela imensidão do cosmos, a contemplar o universo.

O planeta Terra tem em torno de 4,6 bilhões de anos, ao passo que o *Homo sapiens sapiens* data de poucos duzentos mil anos. Utilizo-me da fantástica analogia do físico brasileiro Marcelo Gleiser para esclarecer que esse dado significa que "se pudéssemos comprimir a idade da Terra em um dia, nossa chegada teria sido na última fração de segundo antes da meia noite".

Ainda em pensamento, paro num determinado pálido ponto azul, que me exige maior reflexão: a imagem feita pela sonda *Voyager 1* do nosso pequeno planeta Terra, a 6,4 bilhões de quilômetros de distância.

Não foram poucos os que escreveram sobre o pálido ponto azul na imagem, mas *Carl Sagan* foi o mais famoso.

Sempre que a observo, meus olhos ficam fixos; minha imaginação, desconexa; minhas sinapses, confusas. Lá estamos, nesse planeta de 4,6 bilhões de anos, recém-chegados há curtíssimos duzentos mil anos. Espremidos nesse pontinho, já somamos mais de sete bilhões, produzindo setenta trilhões de dólares por ano, o que seria suficiente para termos uma renda *per capita* de dez mil dólares, mas convivemos com quase um bilhão de pessoas passando fome ao redor do mundo; quase novecentos mil seres humanos sem acesso à rede tratada de esgoto; com um sem-fim de conflitos étnicos num continente sugado e esquecido chamado África, produzindo milhões de mortos nas últimas décadas.

Nesse pontinho estão guardados toda a nossa história, nossos prazeres, conquistas, sufocos, ódios, guerras, alegrias. O nosso único mundo de fato conhecido. Nosso pixel de fôlego.

Por outro lado, se eu tivesse embarcado na sonda espacial, em 1977, sendo mantido sem nenhum contato com a Terra, dificilmente eu imaginaria, quando do eventual retorno, que teríamos a internet e todas as suas possibilidades, que teríamos um aparelhinho que nos permite ter todo conhecimento humano já produzido bem nas palmas das nossas mãos.

Que "guerras frias" ainda continuassem a existir. Que chefes de Estado ainda jogassem armas químicas contra seus cidadãos, como na Síria. Que atentados terroristas derrubassem prédios e explodissem estações de metrô. E que, como contra-ataque (com interesses econômicos), países fossem invadidos, com o pretexto de liberar o povo de seus algozes.

Que Lennon seria assassinado com um tiro na cabeça por um fã bem na porta de sua casa. Que um talento chamado Amy Winehouse teria nascido, vivido e morrido em parcos vinte e sete anos, sem que pudéssemos fazer nada.

Que um ano antes da imagem captada pela sonda espacial, em 1990, eu nasceria e me veria atormentado nessa imensidão de ideias e caminhos a perseguir.

E que, ainda hoje, dos mistérios que eu já sondei, quase nenhum teria conseguido resolver. Mas compreendo que muitos defeitos sanados, arrastando Oswaldo Montenegro para cá, "*eram o melhor que havia em mim*". E não porque eu ache que o ser humano é bom. Muito pelo contrário. Somos precários, mentimos, roubamos, corrompemos, matamos. Os laços sociais e o conhecimento domesticam nossos sentidos e aprimoram nossas ações.

Talvez, quando eu voltasse, eu me tornasse justamente um daqueles indivíduos da tribo *Toulambi* em seu primeiro contato com o homem branco.[5] No fundo, porém, não somos tão diferentes deles. Somos passageiros de um trem sem destino certo, uns rumo às estrelas, outros rumo ao abismo cósmico.

Não duvido de que seremos melhores e piores no futuro. Gil e Cazuza cantarolaram: "*Num trem pras estrelas, depois dos navios negreiros, outras correntezas...*".

Gostaria apenas de falar, além do trivial, de merecidas recordações de um tempo que nem cheguei a viver totalmente. As palavras são insuficientes, isso é certo, mas o pálido ponto azul fala por si só.

---

[5]. O registro completo pode ser acessado em: www.youtube.com/watch?v=Y6mc8k9zHLQ.

[LEMBRANÇAS DO CÁRCERE⁶]

Infância

Não vou me recordar do primeiro dia de aula, mas posso imaginar os muros altos, o portão pesado, o ferrolho batendo e nos dividindo dos nossos pais – agora, colocados na fronteira do espaço escolar. Devo ter sido colocado na fila com os coleguinhas para cantar alguma música, possivelmente religiosa, ou quem sabe o hino nacional e, depois, devo ter passado boa parte do turno sentado na cadeirinha para, como ainda acham, *começar a aprender*.

Eis o *primeiro grande palco de transformação* em que a escola atua: *o corpo*. O aprender, antes traduzido nas mais gostosas travessuras, em enfiar os pés na terra, em desafiar a gravidade escalando os móveis da casa, em buscar os mais longínquos espaços da residência onde se pudesse enfiar o dedo ou a língua, agora se dá de maneira totalmente inesperada: sentado. Que castração!

Vagamente, lembro-me das brincadeiras e dos pequenos espaços emborrachados ou no chão de cimento mesmo, durante os tempos do jardim de infância. Por outro lado, devo ter passado *um sem-fim de horas* desenhando animais, pessoas, colorindo o céu... quando havia *toda a natureza logo ao lado* para que eu pudesse me deleitar, senti-la com todo o meu corpo, entrar em catarse.

Tabuadas, letras bem redondas – "para ficar mais bonito" – nos cadernos de caligrafia fizeram parte do caldeirão de agitações dessa minha época. Foi lá também que aprendi a responder à chamada, a pedir licença, a não falar alto e

---

6. Uma versão anterior deste texto foi publicada no blog do autor: http://obviousmag.org/esquina/2016/entre-muros-grades-e-alarmes-memorias-da-escola.html.

toda sorte de regras de conduta para, ora pois, ser um bom "soldado cabeça de papel" e não acabar preso no quartel.

Minha infância na escola deve ter sido, primordialmente, o tempo de colocar *as coisas nos seus devidos lugares*.

Adolescência

Dos tempos de início da puberdade, pelos idos da segunda metade do ensino fundamental, a memória já se contorce, tão vivamente reage com as experiências sentidas. Ali cobraram a "boa educação" aprendida nos anos iniciais, a carteirinha entregue na entrada e recebida posteriormente – e somente ao final do dia – com o carimbo de "presente".

Reforcei o respeito ao professor, respeito traduzido em não o contrariar. Flertei com as ideias dos livros. Sim, nossos gloriosos e profundos livros didáticos. Neles aprendi sobre o "descobrimento" do Brasil, sobre a "vocação agrária" da América Latina, sobre os "revolucionários americanos do Norte", sobre o nosso atraso enquanto nação. A respeito do "exotismo" do Oriente, do "terrorismo" que vem do Oriente Médio; sobre a nossa progressiva caminhada rumo ao desenvolvimento, afinal, "o progresso é empírico", ora bolas. Ah, a história, sempre escrita pelos *vencedores*... sempre *linda, branca, masculina, cristã, heterossexual*... Quanto padrão de normatividade em nossas cabeças formadas nestas terras quentes.

Aprendi que minha escola, a escola pública, era (e ainda é) um "abismo sem fim" e que nós íamos cada vez mais nos tornando esse mesmo abismo, nesse flerte diário e fatal.

Início da juventude

Já no ensino médio, de saída da adolescência e de todos os desencontros mentais próprios da idade, acabei naturalizando a minha posição na "linha de montagem industrial" do sistema escolar.

As aulas de *cinquenta minutos*, marcadas por um *sinal doentio* entre uma matéria e outra, os uniformes, as chamadas (muitas vezes apenas pelo número correspondente a cada aluno), as *avaliações condescendentes* apenas com o prodígio da memória (como o professor de Geografia que, numa prova oral, perguntou-me o que era um silte e, também, onde ficava o lugar mais alto do Distrito Federal).

Sim, trabalho seriado, conhecimento fragmentado, aulas chamadas de disciplinas, alarmes entre uma aula e outra, listagem de conteúdos com o nome de grade, grade curricular, avaliações chamadas de provas.

No auge do escândalo do mensalão (entre 2005 e 2006), a rotina escolar parecia a mesma. *Fechados entre muros*, parecíamos não dialogar com a cidade, seus mistérios, seus dilemas.

Não aprendíamos como nossa cidade se articulava por baixo, começando pelos serviços que colocavam em ordem nosso local, do trabalho policial ao serviço de limpeza urbana. *Nosso mundo era a escola* (e toda carga de problemas e frustrações que ali despejávamos), na adoração ao conhecimento abstrato.

Repensando a alegoria da caverna de Platão, consigo dizer que entramos e saímos modificados, sem dúvida, amplamente modificados, mas *ainda olhando* para as sombras espalhadas na parede.

O que agradeço, porém

Por e apesar de todas essas amarras, não deixo de lado os bons professores que tive, as pessoas das mais variadas origens, perspectivas, credos e realidades que tive a oportunidade de conhecer (considerando ter estudado em escolas públicas).

Aprendi o quão duro todos os nossos pais davam para manter o mínimo de conforto que nós imaginávamos possível (e isso já era muito, levando em conta a realidade de outras pessoas), as passagens de ônibus, o dinheiro para as apostilas, para a camiseta da turma.

Aprendi sobre as pequenas violências simbólicas e reais que cada um de nós vivia, da reprodução das condições sociais desiguais vigentes enraizada no sistema às surras desmedidas encaradas por alguns amigos; ao irmão/pai preso e às constantes faltas de alguns às quintas-feiras, decorrentes das visitas ao ente querido no complexo penitenciário.

Aprendi que, espalhados naquele *depósito de pessoas*, naquele *abismo epistêmico*, fosse na comparação com o sistema escolar das escolas particulares, fosse na projeção do que o ensino público poderia verdadeiramente ser, cada um de nós avançaria na corrida da vida em compassos e velocidades diferentes.

Por e apesar de tudo, tenho que dizer que é também de lá meu gosto pela leitura (absorvido de alguns poucos mestres que cruzaram minha vida, notadamente minha mãe), o flerte com a poesia, a objetividade com os números.

A questão é que fui tratado, no geral, muito mais como aluno, na profana estatística da secretaria de educação, que propriamente como um ser humano em formação. Na escola, tudo parecia em construção, enquanto já era ruína.

Para terminar, alguns poderiam perguntar se me incomodo quando gritam: "menos Paulo Freire!". Irremediavelmente respondo que sim. Pois antes o mestre estivesse arraigado no repertório educacional do dia a dia dos brasileiros: possivelmente outro seria o título deste texto, outras seriam as memórias, outros seríamos nós. Isso porque Freire, de maneira simples e revolucionária, dizia que "para libertar o país é preciso antes libertar a consciência do povo".

[PAI]

Hoje você já é adulto e daqui a uns treze anos você já vai estar velho.
Você verá que a vida não é feita apenas de brincadeiras, alegrias e sorrisos.
Mas eu vou estar com você nas horas em que estiver aflito.
Sorria sempre!
Do seu filho,
César Gandhi – 7 anos
08/04/1997

Achados e rabiscos encontrados sem querer querendo.

[SURRAS]

Gostaria de ter levado tapas na mão quando fazia algo supostamente errado.

Gostaria de ter escutado dos meus pais que tinham me dado a vida e que, por isso, poderiam tirá-la. Que eu era *um nada* sem eles.

Gostaria de ter sido obrigado a escolher o galho necessário para esquentar nas minhas pernas e nas minhas costas.

Gostaria de ter escutado da boca da minha mãe e do meu pai que estavam "decepcionados" com alguma coisa feita por mim, ainda em tenra idade ou já na fase de descobertas.

Gostaria que minha mãe tivesse ficado sem falar comigo para me dar um "gelo" por, de novo, ter feito alguma coisa alegadamente errada.

Gostaria de ter sido obrigado a lavar o banheiro, a lavar a louça, a cuidar da minha irmã para, em troca, ter o *direito* de brincar.

Gostaria de ter ficado em casa sozinho, trancado, ou na companhia de babás, de tios e tias ou de quem quer que fosse, pois, *necessariamente*, o importante é a qualidade e não a quantidade de tempo com os pais.

Gostaria de ter aprendido a pedir benção para minha mãe, meu pai e meus avós, como se fosse necessário santificá-los. Fui carcereiro durante um bom tempo do início da minha vida adulta e perdi a conta de quantos presos tinham tatuados os nomes de suas mães ou qualquer outra inscrição que fizesse referência às genitoras pelo corpo. Os pedidos de benção eram cena rotineira nos dias de visitação.

Gostaria que tivessem jogado um chinelo em minha direção por, de novo, ter feito algo errado.

Talvez eu tivesse lido mais a Bíblia, frequentado mais a

igreja, feito peregrinação para Trindade ou para Aparecida, tatuado menos o corpo, visto e/ou participado menos de atos supostamente luxuriosos, bebido menos, fumado menos, casado cedo, tido mais filhos e colocado minha vida nos caminhos de "Deus".

Obrigado, mãe, pelas surras que não levei, pela criação democrática que tive, pelos livros que li, pelo mundo que tive a oportunidade de ver com meus próprios olhos!

Não teve surra, teve liberdade e muito amor.

Clarice Lispector ou mesmo Kant diriam que nossa missão não é fácil; que cada indivíduo é responsável pelo mundo inteiro.

Pelas surras que não levei, virei bandido, bandido das letras.

[COISA DE ESCOLA]

Tenho muitas memórias da época inicial da minha vida escolar. Muitas delas talvez nem tenham acontecido, pois sequer me lembro dos nomes e dos rostos, apenas das imagens.

Me lembro da professora ao fundo, das crianças brincando, eu de uniforme branco com detalhes em amarelo, e eis que surge uma ideia de uma das coleguinhas. Outro colega caladão, de óculos fundo de garrafa, fica de espectador.

Eu sento na cadeirinha, minha amiguinha vem por trás, enfia aquela pequena mão por dentro das minhas calças, passa por debaixo até alcançar aquilo que um dia viriam a ser minhas bolas. Pronto, um leve toque e nada mais, ambos ficam satisfeitos.

Lá vou eu, levanto, ela senta, e o mesmo procedimento: vou por trás, enfio minha pequena mão de dedos finos por dentro das calças dela, ela levanta um pouquinho para facilitar, até que alcanço aquela pequena concha que um dia viria a lhe dar prazer.

E a situação, para estarrecimento do meu pequeno colega que assistia, sempre a segurar aqueles óculos no rosto, tamanha era a surrealidade daquela prática, perdurou por mais alguns movimentos de descoberta em cada um de nós.

Não me lembro disso com pesar; éramos pequenos a nos descobrir e fluiu naturalmente, já de maneira subversiva, em público. A recordação não vem com um sentimento esquisito de ter sido invadido ou de ter entrado com armas de fogo e estacas no terreno corporal alheio. Aquele bracinho enconstou naquele projetinho de pênis, passando pelo períneo, tocando-os de maneira livre. Sim, pelo períneo.

Não que eu passe a refletir sobre esse momento em cafés matinais com minha família, mas sinto que aquilo foi importante para minha descoberta sexual posterior, sem dilemas ou traumas sobre o que poderia escolher e, principalmente, sobre o que as outras pessoas escolheriam.

Gostaria de me lembrar do nome daquela parceira, do seu rosto, mas não consigo. Em pensamento, guardo apenas na memória que, após todas aquelas mãos e braços, a gente se levantou, sorriu e voltou a brincar. Éramos crianças nos descobrindo.

E o colega que apenas assistiu àquela cena em vários atos, o que terá ocorrido a ele? Será que, em verdade, eu era o colega espectador e os outros eram os protagonistas?

Onde estava todo mundo que nada viu daquilo? Talvez estivessem fazendo a mesma coisa?

Ah, como tinha amor naquilo... ou será que foi só ilusão?

IV
SOBRE O CONHECIMENTO

[ALGO SOBRE O FEMINISMO]

Fui criado em uma família majoritariamente feminina. Mulheres fortes, batalhadoras, sonhadoras, libertárias, feministas, mas também com doses de machismo e conservadorismo, dada a força do social e toda sorte de associações que permitissem sobrevivência, coragem e vontade de viver num mundo violento, simbólica e materialmente. Mulheres de outros tempos com pegadas no nosso novo tempo, de mais discussão, mais abertura, e muito caminho para ser trilhado, com luta, conhecimento e muita política.

Carrego no corpo e na mente as marcas do masculino, de forma que o aprendizado ainda deve ser incessante para ser um "macho" melhor para esse novo mundo que, paulatinamente, vai se construindo.

Numa dessas tentativas, topei com Cinzia Arruzza e seu livro *Dangerous liaisons*, que fala sobre os casamentos e divórcios entre o marxismo e o feminismo. A discussão é longa, mesmo porque sua narrativa procura navegar nos mares do velho e importante Karl Marx, mas o resgate histórico feito pela autora é substancial para a compreensão da temática feminista, notadamente a relação entre os *movimentos das mulheres* e os *movimentos sociais*, bem como a relação entre *classe* e *gênero*. Aí vão algumas anotações sobre Cinzia.

A autora menciona o percurso de Flora Tristan em *Peregrinações de uma pária*, viajando e discutindo, como uma "pária", a opressão das mulheres dentro das fábricas anos antes de Marx e Engels.

No mesmo contexto, diz Arruzza, as Revoluções Inglesa e Francesa criaram, pela primeira vez, as condições para pensar sobre a libertação das mulheres em termos coletivos: "a pressão e o controle tradicionalmente exercidos sobre as mulheres foram enfraquecidos por vários processos: a subversão de uma ordem social baseada na religião que foi considerada imutável até então, além do crescimento dos ideais de igualdade".

Conforme a autora pontua, as revoluções burguesas abriram rachaduras e criaram um novo espaço democrático dentro do qual começou a emergir a ideia de que, *se houvesse liberdade e igualdade, metade da população não poderia ser excluída*.

Olympe de Gouges, por sua vez, foi responsável pela elaboração do manifesto mais abrangente do feminismo burguês durante a revolução francesa: a *Declaração dos direitos das mulheres e cidadãs*. Segundo Arruzza, "ela desmascarou o chamado universalismo de uma revolução que até então estava pensando limitada aos direitos de homem e masculino cidadãos".

No manifesto, Olympe exigiu plena cidadania para as mulheres. Essa intelectualidade até então formada insere-se no que se chama de "feminismo burguês", com seus pleitos por acesso a educação e cultura – também direito a ter uma carreira profissional; e demanda por direitos civis e políticos – divórcio e voto.

Geralmente, nesses pleitos não estava a demanda por justiça social, demonstrando as feministas burguesas, conforme a autora, uma ausência de compreensão das condições específicas das mulheres trabalhadoras.

Nesse sentido, é salutar o confronto entre as *feministas liberais* e as *mulheres da classe trabalhadora*. As mulheres trabalhadoras, além das mais de dez horas numa fábrica, ainda tinham a outra jornada de gerenciar o lar, tudo no âmbito das repetidas e intermináveis gravidezes. Além disso, mesmo no trabalho, recebiam pelo mesmo serviço feito por homens apenas metade do salário que a eles era pago. "Alternativas": casamento ou prostituição.

As mulheres viviam numa situação contraditória. Estavam inseridas num sistema de produção, mas não tinham o direito de ser economicamente independentes. Para a autora, nesse sentido, o que permite ao capitalismo preencher os espaços vazios das hierarquias que ele próprio criou não são suas leis internas, mas sim as leis de outro sistema, o *sistema patriarcal*, que, mesmo estando hoje fortemente entrelaçado ao capitalismo, possui uma vida autônoma.

De forma geral, segundo Arruzza, as políticas de identidade, *dissociadas de qualquer reivindicação de justiça social*, contribuíram para a fragmentação dos movimentos e dos processos de subjetivação. Trata-se de uma forma de evitar que o universalismo proposto pelo feminismo também se torne uma fonte de opressão a ser utilizada pelo Estado, em último nível. Trata-se de pensar e modificar toda uma série de discriminações e violências: violência em casa, violência sexual, mercantilização do corpo das mulheres nas mídias, assédio etc. E, por isso mesmo, é preciso arregaçar as mangas.

Se pararmos para pensar, ninguém pretende extinguir todos os machos da face da Terra nem fazer das mulheres as dominadoras do mundo, como se o feminismo fosse a insurreição do oprimido para atear fogo no mundo e adotar as mesmas práticas do opressor.

O que se quer, e é possível entender isso sem muita abstração nem repertório intelectual profundo, é apenas espaço, respeito, voz, valorização. Basta olhar para o lado, para nossa mãe, irmã, tia, prima, filha, esposa. Não é muito pedir um pouco de sensibilidade. Vai ter gente exagerada, radical, furiosa, desproporcional, mas isso faz parte. São séculos de desníveis, violências e humilhações que possivelmente invadiram as profundezas do inconsciente sem fim.

Mas vai por mim, feminismo é só um nome para um processo histórico iniciado há séculos, em que pessoas querem viver melhor, ser e se construir dentro de identidades gostosas feito um banho quente no inverno. *Feminismo é sobre se conectar, é sobre gente, é sobre todos nós, enfim.*

[EDUCAR NA ESPERANÇA EM TEMPOS DE DESENCANTO]

Chico Alencar e Pablo Gentili chegaram até mim com a obra que leva o título deste texto quando eu tinha treze anos, no início deste novo século. E a leitura foi intensa e profunda. O desencanto de que falavam era também sinônimo de tristeza, de "crise do pensamento utópico", um grito contra o ceticismo e o conformismo diante de um pretenso futuro de triunfo dos rumos do capitalismo mundial.

Aprendi o que era o "destino manifesto", essa fraude vendida como ciência, de que os Estados Unidos seriam o último ato da providência divina para seguir como liderança do novo mundo. É a tese da hegemonia americana.

Aprendi sobre os impactos da crise fiscal, sobre a penúria dos trabalhadores assalariados, sobre a tese do "peso" dos idosos nas contas sociais, sobre os desempregados. Pós-era dos extremos, os autores entravam nos meus ouvidos falando de um suposto desencanto juvenil, de um declínio da militância adulta. Sem que eu ao menos soubesse na prática o que aquilo significava, sentia que se tratava de um chamado à conscientização.

Aprendi sobre os processos de exclusão, sobre a pobreza, tomando consciência de que, de fato, havia alguma coisa errada em não ter isso e aquilo, em saber que existiam centenas de situações e de pessoas vivendo em melhores condições. E, principalmente, aprendendo que essa situação não era natural, mas social, fruto de um emaranhado de conexões desiguais, alarmantes, criminosas e históricas na nossa sociedade.

Eles tinham e ainda têm razão, pois a "exclusão desaparece no silêncio dos que a sofrem e no dos que a ignoram".

A gente demora a aprender, mesmo com Cartola tocando no radinho, batucando "O mundo é um moinho".

Somos latinos e não nos reconhecemos como tal. E o que há para reconhecer? Por tantas escolhas feitas nessa minha caminhada, sinto que muito há para ser reconhecido, mas a presente narrativa não comporta tamanho aprofundamento.

Uma pista me foi dada muitos e muitos anos depois por Milton Santos, historiador e intelectual de renome internacional, infelizmente pouco conhecido da grande população. No livro *Por uma outra globalização*, aprendi com Milton que nos fazem ver a globalização como fábula, enquanto sua face mais substancial é de perversidade.

E não é verdade? Pense comigo. Na década de 1960, Josué de Castro, outro importante intelectual, em seus livros *Geografia da fome* e *Geopolítica da fome*, vaticinava que o mundo se dividiria em dois grupos, os que não comem e os que não dormem, com medo da revolta dos que não comem.

Ainda hoje, mesmo depois da estabilização da moeda oriunda do Plano Real na gestão FHC e das significativas políticas de transferência de renda, de aumento real do salário mínimo e das políticas de crédito dos governos petistas, ainda existem milhões de brasileiros em situação de pobreza e de extrema pobreza, isto é, passando privações difíceis de entender nos dias de hoje. Sim, já em Josué de Castro, o que transparece é que um grupo de pessoas sentou e decidiu quem deve comer e quem deve passar fome, pois o problema já não é mais de produção, mas de distribuição.

Voltando a Alencar e Gentili, ainda vejo tantos erros sendo cometidos, como o de acreditar que ter acesso à escola signifique ter acesso à mesma escolarização, às mesmas condições de aprendizado e de estudo, desconsiderando-se a cruel realidade das escolas públicas Brasil afora. A exclusão educacional não cessou, ainda valendo a máxima dos autores de que "quem está desinformado é mais facilmente explorado".

Desde sempre respirando a profissão de educadores no seio da minha família, aquela leitura foi primordial para tatuar em mim a ideia de que educar é humanizar, abrir o indivíduo para uma aventura sem fim pela vastidão do mundo e por suas possibilidades interpretativas. E mais, pois, de maneira doce, dizem os autores que os profissionais de ensino são militantes de um projeto de regeneração do mundo. Negar a educação a alguém é um dos crimes mais brutais.

Mas nada disso vale também sem condições adequadas, bons salários, políticas de valorização, de enfrentamento da violência nas escolas, de profunda reformulação das condições de aprendizagem.

Chico Alencar e Gentili ainda me são como um eterno chamado a voltar a educar, pois a esperança ainda constrói estradas e o desencanto parece temperar tudo o que nos cerca.

Ainda é necessário educar, com esperança, nesses contínuos tempos de desencanto.

[PROJETO ERGA OMNES]

Paulo Freire escreveu tanta coisa, sonhou tanto com um processo educacional revolucionário, amplo, transformador, construtor de cidadanias, com polos de inventividade, espaços de liberdade, de mudança, de intervenção, de fonte de autonomia. Sua pedagogia era a do oprimido, mas não era a do coitadinho, do infeliz. Seus saberes não provêm da adivinhação, mas têm muito de intuição, por isso a necessidade de trabalhar e ampliar todos os sentidos na práxis pedagógica.

Infelizmente, para muitos grupos autoritários e recheados de indivíduos de baixíssima oxigenação cerebral, Freire é sinônimo de fantasia, de doutrinação de grupos esquerdistas com mentalidade do ratinho Cérebro, aquele do desenho, sempre a bolar um plano para conquistar de maneira inexorável o mundo. Infelizmente.

Durante alguns anos, estive próximo de adolescentes, buscando abrir diálogos necessários para o fortalecimento da cidadania, sobre racismo, feminismo, violência, preconceitos, sonhos, globalização, sobre a escola, o presente, o passado, o futuro. Tínhamos a pretensão de intervir nas tramas do espaço escolar, levando algum conhecimento fruto das nossas experiências universitárias e da vida também.

A gente até esquece que experiências assim se dão em um momento, mas, para todos os envolvidos, em um momento que acaba sendo autenticamente vivido.

Alguns alunos, de forma absolutamente anônima, deixaram pequenos textos manuscritos contando-nos sua experiência geral durante o semestre em torno da execução do projeto, não necessariamente sobre os conteúdos trabalhados. É sempre um alento reler tais falas, pois deixaram meus bolsos cheios de desabafos sobre suas vidas, provavelmente como espaços únicos para que isso ocorresse. Abaixo, relaciono algumas, sem edições:

"Minha vida é uma mistura de alegrias e tristezas juntos, uma hora tá maravilhosa, outra está péssima, desde 01 de janeiro muita coisa mudou, perdi várias amizades, amores, mas ganhei amizades que vejo que vale ouro, ganhei mais um primo, passei por umas coisas com a minha mãe, sinto falta do meu pai, mas graças a Deus tenho tias e tios que me fazem acordar e agradecer todos os dias por tê-los comigo. Fiz um curso e já terminei, tirei notas péssimas na escola, tirei notas boas em outro curso. Tento ser uma pessoa melhor a cada dia, corro atrás dos meus sonhos."

***

"Dia 09 de janeiro consegui meu primeiro emprego. Minha relação com meu pai melhorou. Meu pai se casou. Perdi minha peixinha Jujú de 1 ano e 5 meses, chorei muito. Fiz novos amigos, desfiz outros. Senti saudades da família. Descobri que minha irmã mais velha está grávida e que se for menina vai ter o meu nome. Eu e minha irmã travamos uma guerra contra a madrasta. Fiquei mais independente. Meu Pai parou de me dar as coisas."

***

"Melhorei meu relacionamento com meu Pai. Aprendi a escutar mais as pessoas ao meu redor, porque nem sempre eu vou estar certa. O que sinto que aprendi? Com o projeto eu aprendi a ver algumas coisas por outro ponto de vista e escutar as ideias do outro. Gostei muito também quando falaram sobre globalização. O projeto é muito bom, apresentou vários assuntos, deixando a gente mostrar o que também pensamos, levando a gente para conhecer lugares importantes e assim facilitando nosso aprendizado."

***

"É comum todo início de ano as pessoas fazerem metas e esperar que o novo ano seja o melhor de toda sua vida e às vezes o ano passa e não traz nada de tão desejado. Talvez isso aconteça por atitudes de pessoas. 2015 foi para mim muito bom, sei lá, talvez por eu estar crescendo, o ano foi melhor do que eu esperava, conheci e convivo com pessoas maravilhosas, vivi experiências nunca antes vividas, consegui ser uma pessoa melhor, com falhas, mas melhor. Sofri, chorei, ri, brinquei, xinguei, aaaaf, foi duro uns meses, mas cresci e adorei tudo que eu consegui passar nesse semestre. O que sinto que aprendi? Me ajudou a formar opinião sobre legalização da maconha e redução da maioridade penal, com os prós e os contras, e a experiência de outros lugares. Aprendi temas novos como controle social e como funcionam os três poderes, que me ajudará a decidir em que votar. Os debates foram minha parte favorita, porque pude conhecer a opinião dos alunos e mostrar minha opinião. O curso oferece diferentes métodos (debates, palestras, visitas) o que faz com que o aluno tenha mais facilidade para aprender."

***

"Desde quando começou o ano venho passando altos e baixos com minha família, e quando começou o projeto Erga Omnes, me interessei, pois além de gostar de direito e cidadania, também serviria para mim como uma válvula de escape para sair de casa e pensar, mas no decorrer das semanas pude perceber que o projeto de certa forma estava me ajudando pois o que aprendia chegava em casa e conversava com minha mãe e com meu pai sobre os assuntos. Quando fomos ao Congresso, foi muito bom pra mim, pois pude ter novas experiências e quando cheguei em casa pude contar à minha família o que aprendi e conheci, hoje posso dizer que entrei no projeto para ter algo que fazer nos sábados, mas se tornou um auxílio para me aproximar de minha família. Bom desde que começou o ano já passei por poucas e boas, mas posso dizer que tudo que passei foi pro meu entendimento, momentos bons e momentos ruins, mas tudo valeu a pena."

Sim, ensinar *exige a convicção de que a mudança é possível*. Viva Paulo Freire!

[DEPRESSÃO]

A Organização Mundial da Saúde atesta que a depressão é uma das doenças mais incapacitantes do mundo, afetando quase seis por cento da população brasileira (cerca de doze milhões de pessoas). O mundo transborda tristeza profunda. Tenho aprendido conversando, observando, lendo sobre o assunto. E as premissas são justamente essas, conversar, observar, ler sobre o assunto.

Em *O demônio do meio-dia*, Andrew Solomon afirma que cada depressão tem sua própria história e que não é possível viver no mundo a não ser que se tolere o infortúnio, e o infortúnio chega para todos nós. Isso me lembra um pouco da aceitação da vida como sofrimento e da ideia de impermanência do budismo, mas há algo mais.

Nenhum de nós pode penetrar a insondável barreira de silêncio do outro, mas podemos construir novas narrativas e acolhimento sobre a depressão.

Ainda há muito preconceito, principalmente porque a depressão não é uma ferida sangrenta e malcheirosa exposta ao vento, sendo difícil que as pessoas admitam que alguém precisa de tratamento e não de crítica e dedos em riste apontando um "preguiçoso" ou alguém que "não dá valor à vida".

Ainda muito se julga a depressão como "doença da classe média", na medida em que pobre não teria tempo de "inventar isso".

Se, durante muito tempo, o depressivo foi considerado um possuído pelo demônio, como na história bíblica em que a figura do suicídio acomete Judas, o traidor de Cristo, hoje em dia há muita informação, muitos medicamentos, muitos tratamentos, mas ainda pouca intimidade com o assunto.

É sempre importante lembrar que novos tempos requerem novas teorias, novos olhares, novos cuidados. A depressão permanece sendo o segredo de família que todo mundo degusta em silêncio à mesa de jantar. A vida continua sendo a vida. O ser humano vai mudando. E, nessa mudança, nossa percepção sobre o mundo e sobre nós mesmos pode precisar de amparo.

O livro é triste, mas as palavras pretendem ser de esperança. Precisamos nos cuidar!

[SARTRE]

Jean-Paul Sartre (1905-1980), filósofo, escritor e artista militante francês, em 1946, escreveu um pequeno texto, baseado em uma conferência, intitulado: "O existencialismo é um humanismo", como forma de responder às diversas críticas e ataques ao seu pensamento.

Dizia-se que o *existencialismo* de Sartre contribuía para incitar as pessoas a permanecerem no imobilismo do desespero, enfatizando o lado negativo da vida. De fato, não foi fácil compreender um pouco da sua teoria e, principalmente, das consequências do existencialismo. A gente se sente meio sozinho e sem parâmetro, mas esses são somente alguns segundos no voo da liberdade que vem em seguida.

Segundo o autor, o ser humano surge no mundo, encontra-se a si mesmo; passa a existir, enfim. Somente posteriormente é que ele se define. Assim, não existe uma essência, algo próximo de certa natureza ideal, nada havendo fora da experiência humana: "o homem é aquilo que ele faz de si mesmo", "estamos sós, sem desculpas".[7]

Sim, não é fácil compreender, mas sigamos.

O existencialismo aborda a necessidade de o indivíduo assumir a sua existência, e a responsabilidade daí decorrente, nessa realidade. Trata-se de um sentimento de total e profunda responsabilidade. Em outras palavras, não existe um *a priori*, um motor imóvel determinista ou onisciente, uma essência que nos motiva. Sartre coloca em cada um de nós a total decifração pela realidade que nos cerca. Por isso, devemos nos jogar na realidade, no ímpeto de nos cons-

---

7. SARTRE, Jean-Paul. *O existencialismo é um humanismo*. Tradução de Rita Correia Guedes. Disponível em: stoa.usp.br/alexccarneiro/files/-1/4529/sartre_exitencialismo_humanismo.pdf.

truirmos enquanto indivíduos, adquirindo experiência e nos engajando neste mundo, o único possível. Somente por essa explicação, sei que já pululam referências a como ficaria a situação de um Criador frente às inúmeras possibilidades interpretativas da religião. Sartre reponde que

> Mesmo que Deus existisse, nada mudaria. Não que acreditemos que Deus exista, mas pensamos que o problema não é o da sua existência; é preciso que o homem se reencontre e se convença de que nada pode salvá-lo dele próprio, nem uma prova válida da existência de Deus.

Sartre também não salva, mas também não esconde. Seu humanismo está em não ter medo, trata-se de um chamado à coragem.

V
SOBRE A MORTE

[*MEMENTO MORI*[8]]

Fiquei tentando rabiscar a lembrança de um momento que pudesse traduzir de maneira singular a minha tia, mas não consegui. Não existe um momento único, existem vários. Aqueles da Cláudia das gargalhadas, dela chamando alguém de "marmota", dela dando conselhos sensatos, dela distribuindo carinho, dela sendo o farol de Alexandria da nossa família.

A gente pode gritar, derramar todas as lágrimas existentes, fechar os olhos e apertá-los bem forte para tentar acordar do pesadelo que não existiu; a gente pode esperar que tenha sido um erro, uma piada de muito mau gosto, mas a conta real do dolorido encerramento da vida chega à mesa... e da forma mais embrutecida possível. Aquela pessoa de outrora, falando alto, andando, acolhendo, lançando seus olhares, militando, iluminando, está bem à sua frente, sem uma mínima centelha de vida. É foda!

Minha tia venceu a pobreza, o preconceito racial, o preconceito de gênero, a falta de oportunidades. E, como mulher, negra, oriunda da periferia, da escola pública, fez-se professora, palestrante, catequista, esposa, irmã, mãe, avó, tia, madrinha, colega, amiga. Nos seus curtíssimos quarenta e nove anos de vida, nossa Cláudia se fez fôlego, disposição, carinho. Parafraseando Eduardo Galeano, ela foi como fogo louco, daqueles que ardem a vida com tanta vontade que não se pode olhá-los sem pestanejar.

Nem de longe posso ser considerado religioso, mas, se num acaso misterioso e absurdo desses da vida eu pudesse encontrar Deus, certamente eu lhe faria as mesmas perguntas

---

8. Uma versão anterior deste texto foi publicada no blog do autor: http://obviousmag.org/esquina/2017/memento-mori.html.

elaboradas por Leandro Gomes de Barros, poeta paraibano do final do século XIX:

*Se eu pudesse conversar com Deus
Eu iria lhe perguntar:
Por que é que sofremos tanto quando viemos para cá?
Que dívida é essa que temos que morrer para pagar?
Perguntaria também de que é feito
Já que não come, não dorme
E ainda assim vive satisfeito.
Por que é que ele não fez a gente do mesmo jeito?
Por que uns são tão felizes enquanto outros sofrem tanto?
Já que nascemos do mesmo jeito
E vivemos no mesmo canto.
Quem foi temperar o choro
E acabou salgando o pranto?*

A gente pensa na vida, tenta se compreender melhor, desacelera, mas nada resolve, apenas isso que chamam de "o passar do tempo" talvez acalme. Um, dois, três, dez anos? Vai saber.

Sobra o sentimento de dívida por tudo o que se deixou de fazer e/ou dizer; sobra a total incapacidade de inventar uma saída para a dor; sobra o beco escuro e sem saída da ausência.

Para aquela pessoa que se foi, nada mais falta; o sofrimento e a dor acabaram. Isso conforta. Agora, para quem fica...

Cada um se apega num credo, numa fé, numa forma de religiosidade que aquece o coração, que fornece explicações, que abraça e dá abrigo. Isso pode ser bom. Mas basta?

Quando o caixão desce, vai-se um "tantão" de esperança dos nossos corações. Nos primeiros dias seguintes, sobra o fluxo da vida, veloz como sempre, com a gente parado ali no meio, fragmentado, sozinho.

Na *Divina comédia* de Dante Alighieri, os personagens Dante e Virgílio, ao chegarem à entrada do inferno, deparam-se com uma grande inscrição em tom escuro sobre o alto de uma porta, finalizada com: *"Deixai Toda Esperança, Ó Vós Que Entrais" (Canto III, 9)*. Eles gritam: *"Memento mori"* (*"lembre-se de que és mortal"*)! Eu diria: "Lembre-se de que há sofrimento!".

Finalizo com a pista poética dada por Eduardo Galeano:

O medo ameaça:
Se você ama, terá aids.
Se você fuma, terá câncer.
Se respira, terá contaminação.
Se bebe, terá acidentes.
Se come, terá colesterol.
Se fala, terá desemprego.
Se caminha, terá violência.
Se pensa, terá angústia.
Se duvida, terá loucura.
Se sente, terá solidão.

Teu sofrimento e tua dor acabaram, minha tia. Agora nada mais te falta. Nós estamos aqui com a injustiça da tua ida precoce e, desde já, com uma saudade imensa.

Afinal, minha tia, tudo nos une, nada nos separa!

[HOMILIA]

"Este jovem foi vítima da violência em sociedade. Mais um jovem que encerra sua vida de maneira trágica. Que o fim desse ciclo terreno dele signifique para nós um chamado para nos voltarmos para as coisas do Senhor!" O padre falava quando eu cheguei. Havia muitas pessoas em volta. Havia choro, havia muito choro, havia rostos consternados, havia intensa tristeza, havia revolta.

Queria me concentrar naquela emoção avassaladora, mas os "discursos" feitos em nome do "Senhor" há muito me causam estranheza, seja porque já não os ouço com frequência, seja porque seus significados giram em torno de conteúdos desmotivadores.

Talvez Deus, seja ele qual for (sim, crê-se em muitos), seja mesmo o inconsciente, sendo natural, nos termos propostos por Jacques Lacan, que o ser humano sucumba à tentação da crença.

Mas já não concebo como a bala da violência social, em ano de eleição, pode ser um "chamado" para que, como ovelhinhas, nos voltemos para o transcendental, apenas.

Já não concebo que tantas igrejas e templos por aí afora sejam "não lugares", meros esconderijos das coisas da vida, em que se dedica um tempo a não viver, contemplando o céu prometido.

Não concebo como a morte pôde, naquele momento, significar tão pouco.

Sou ingênuo, mas é que, tão entranhado na vida social, sempre esperei que o campo religioso significasse algo mais na vida das pessoas que o cercam.

Num mundo com tanta pobreza, aumento crescente dos casos de suicídio, de depressão, de violência, de corrupção, de desalento, de desesperança, fazer um chamado para que as pessoas se "recolham nas coisas do Senhor" parece-me um ato para que apaguemos a luz fraca da vela diante da escuridão.

Gessinger ainda canta: "O céu é só uma promessa!".

[MURIÇOCAS]

Cemitérios costumam ser templos de reflexão. A carga emocional do lugar ecoa tristeza e desesperança. A lanchonete, quando existe, vende uma ou outra porcaria de marcas absolutamente desconhecidas e até o chiclete comprado perde o sabor doce em cinco mastigadas. Tudo é meio fora de tom.

Entretanto, nunca consegui entender a quantidade de muriçocas em enterros. A gente sai todo mordido em tudo que é parte do corpo.

Na falta do "me belisca" pra gente acreditar que o morto é nosso, a muriçoca cumpre esse papel com perfeição.

Elas compõem o ritual fúnebre, são a parte viva da tristeza que nos acomete.

Odeio muriçocas, mas as que habitam cemitérios têm o meu devido respeito.

[CELEBRAÇÃO DO MEU ENTERRO[9]]

No dia em que eu morrer, morrer mesmo, sem essa de "ir para outro lugar", morrer pura e simplesmente, gostaria que algumas indicações fossem observadas:

1. Não quero padres, pastores ou gente de qualquer religião falando das missas a que não fui, dos pecados que cometi. Igrejas são do tempo em que eu não respirava ar puro. Não quero gente enchendo os presentes daquele falatório esperançoso de que, agora, estarei "junto dos eleitos".
2. Por outro lado, quero muita gente, os que me amam, principalmente. Que cada um tenha um minuto para contar alguma galhofa, alguma sacanagem, alguma risada compartilhada comigo. Que falem dos meus medos, das minhas grosserias, das minhas chatices, das minhas perversidades... Não tem problema, tudo parecerá engraçado. Que venham os meus possíveis amores e falem das brochadas (poucas, eu espero) e das noites e encontros selvagens (ou não), dos amassos, dos olhares carinhosos. Que relembrem as conversas, as piadas que contei.
3. Que estejam os que não gostam de mim também. Não para jogar praga ou mijar na minha cova, mas para que testemunhem a minha falência e vejam que a eventual grosseria ou arrogância contra eles não me deu vida eterna ou um outro lugar que não aquele habitado pelos vermes da terra.

---

9. Uma versão anterior deste texto foi publicada no blog do autor: http://obviousmag.org/esquina/2016/vai-me-enterrar-na-areia-nao-nao-vou-atolar-celebracao-do-meu-enterro-1.html.

4. Que haja uma projeção com fotos de diferentes períodos da minha vida, da minha infância à velhice. Fotos bonitas, fotos ridículas, fotos mal tiradas. Que as pessoas presentes estejam nelas. Que haja recordação, pois velório é lugar de saudade.
5. E que haja música, apenas um leve balanço ao fundo. Que toquem minha música preferida. Até lá já terei escolhido.
6. Mas que haja choro também, mas sem desespero. Que ninguém passe mal, mas que se derramem muitas lágrimas, muitas mesmo. A morte é um abismo, um buraco "inescondível", por e apesar de qualquer planejamento em sentido contrário.
7. No cortejo até o túmulo, gostaria que cantassem bem alto. E que dissessem palavras soltas também: *Canalha! Porra! Fuleragem! Irmão!...* Penso que estarei sorrindo. E que todos saiam dali com a minha lembrança viva e bela, sabendo que não mais estarei ali.

Afinal, a vida de fato não é esse céu azul todo aí fora. Que assim seja!

[VIRA-LATAS]

Não tive uma infância com pets. Já adulto, tive uma única experiência com cachorros, e não foi alegre. Foram dois vira-latinhas adotados, mas que, inesperadamente, já chegaram doentes, com cinomose. A doença é triste, sofrida... choraram bastante, foram semanas de muita agonia e cansaço.
    Ao final, duas eutanásias consecutivas. E eis o problema que me motiva a esta escrita. A veterinária pegou os bichinhos, encheu a seringa de sedativo e fez a primeira aplicação. Em seguida, outra aplicação, dessa vez do medicamento causador de parada cardíaca. Pronto!
    Foi estranho e hiperbólico. A gente se sente como um deus, carregando o dom da vida e da morte bem na palma da mão.
    O que foi aquilo? Quais seriam as sensações de uma eutanásia praticada num ser humano, assim, bem na nossa frente o ente querido indo embora?
    O que foi aquilo?
    A gente é que se sentiu meio vira-lata.

[MINHA AMIGA]

Será que posso escrever sobre ela assim, de forma nada anônima e reservada? Quão precoce foi sua partida, Aninha, e quão devastadora foi essa sua viagem final.

Escrevo olhando para sua foto feita em memória, com aquele sorriso largo no rosto, aquele que sempre te acompanhava, e uma roupa bem colorida, para lembrar-me de como pareciam ser seus dias.

Quando recebi o começo da notícia, estava passando aspirador em casa, num sábado de manhã, desses depois de uma semana truncada, cansativa e mais ou menos proveitosa... dessas semanas que a gente vai vivendo sem se dar conta do quão mal gastas nossas vidas vão se fazendo, se permitindo. "Poooorra!" A gente nem percebe como uma coisa dessas está ao nosso lado, muitas vezes sentada na nossa frente à mesa do café da manhã.

Andrew Solomon, em seu famoso, belíssimo e importante livro, *O demônio do meio-dia*, escreveu algo que me tocou profundamente: "há tanta dor no mundo, e a maioria das pessoas guarda as suas em segredo, rodando por vidas de agonia em cadeiras de rodas invisíveis, dentro de um gesso ortopédico invisível cobrindo todo o corpo".

Não consegui perceber o quão devastadoras eram suas dores, seus desesperos, mas sei que foram muitos e profundos.

Ajudei a escolher o seu caixão, quando antes escolhia os petiscos na mesa do bar. Ajudei a confortar seus filhos, quando antes dávamos gargalhadas juntos. Ajudei a escolher a cor da sua roupa para o enterro, quando antes te cobrava pressa para irmos logo festejar.

Fui ao teu sepulcro triste, quando antes ia à tua casa carregando alegria. Chorei de saudades, quando antes chorava de emoção.

Que saudade, minha amiga!

VI
SOBRE A POLÍTICA

[**HOUSTON, WE HAVE A PROBLEM**]

Há alguns anos, fomos *surpreendidos* com informações dando conta de que os Estados Unidos da América estão *espionando o mundo*. E o mais interessante: por meio de programas e sites de empresas difundidas no planeta todo, como Google, Facebook, Apple e Microsoft.

Dizem os invejosos que se trata do velho discurso americano da necessidade de proteger seus cidadãos, violando um sem-fim de privacidades individuais. O monitoramento doméstico generalizado serviria para vigiar possíveis terroristas e permitir a antecipação a eventuais ataques.

Enfim, só estão pensando na nossa proteção! Afinal, quem liga para a privacidade?

Basta um olhar rápido pelo Facebook, por exemplo, para vermos que ninguém está preocupado com o direito de estar só. Ou algum incauto pensa que, ao postar suas preferências culinárias, compartilhar fotos de mulheres seminuas ou tatuagens com desenhos suspeitos apenas no seu mural do Facebook, para os amigos pessoais, todo o conteúdo não terá sido jogado para a eternidade, sendo objeto de negociação para vendas de espaço de publicidade e mesmo de vigilância "a favor do bem"?

Alguém achou que o "Face" fosse vidente ao anunciar aquele showzinho ao qual você estava querendo mesmo ir, ou aquela comida gostosa, como se já soubesse antes? Ora bolas! A indústria da publicidade está a cada dia mais eficiente e nós somos sua mercadoria.

Julian Assange, considerado herói digital com seu WikiLeaks, há muito vem condenando o governo americano, afirmando maluquices mil, botando a culpa nas redes sociais, afirmando-as como "as mais assustadoras máquinas de espionagem".

Tenha dó! Somos cúmplices da nossa própria invasão de privacidade. Pior: somos os maiores responsáveis por ela. Somos nós que preenchemos os formulários de cadastro do "Face" e do Google em nossa fome por conectividade.

É preciso ser sábio e, como já dizia um grande mestre meu, reproduzindo Shakespeare, "ser sábio é saber que não somos inocentes". Nós clamamos por isso e só há motivo para alegrias!

Não é de gerar felicidade que a atuação americana tenha até respaldo científico; isso mesmo, trata-se de uma *simples ideia de arquitetura*. Talvez até algum discípulo do filósofo inglês Jeremy Bentham (1748-1832), criador do termo pan--óptico, ou casa de inspeção, tenha sido contratado pela CIA para o grande projeto.

Para quem não sabe, pan-óptico é um termo que designa uma penitenciária ideal, que seria um prédio circular de pequenos aposentos, todos transparentes e totalmente conectados, nos quais os indivíduos poderiam ser supervisionados por um inspetor que tudo via. O inspetor era como um deus onisciente – sempre ligado, informado de tudo, com a afortunada capacidade de ver atrás de esquinas e paredes. A alegria é que descobrimos que esse deus, em verdade, é o governo dos Estados Unidos. Ó, glória! Os administradores do mundo!

Continuemos nossas vidas, meus caros, está tudo bem! Para os mais aventureiros e que tenham ficado perdidos ou encabulados com a espionagem mundial, há a opção de sair em uma viagem rumo à verdade da vida, como o personagem de Jim Carrey, Truman Burbank, em *O Show de Truman*: um homem que não sabe que está vivendo numa realidade construída por um programa de televisão, transmitido vinte e quatro horas por dia para bilhões de pessoas ao redor do mundo.

Sim, não esqueçamos o argumento da segurança também! Fico imaginando que, talvez, a CIA tenha até uns Precogs de verdade, iguais aos de *Minority Report* – aquele filme do Spielberg – que vão nos salvar do perigo. Só estou em dúvida se algum lutador do UFC, talvez até o Anderson Silva, não faria parte dos agentes que baterão nas portas das casas dos futuros criminosos, para abatê-los antes que a imaginação criminosa ganhe vida. Tenho certeza de que Dana White envia lutadores do UFC para servir ao governo americano, sou capaz de apostar. Vejam que planejamento!

Mas enfim, cientes de que somos vigiados pelo primeiro mundo, ao menos quando algum "busão" do excelente serviço de transporte público do DF quebrar por aí no meio da estrada ou faltar médico em algum pronto-socorro, não precisaremos mais ligar para algum programa de televisão sensacionalista, para a ouvidoria do governo ou chamar a polícia, talvez seja suficiente sentar na frente do computador, olhando para a câmera, e dizer: *Houston, we have a problem!* Vai que alguém escuta.

[PALAVRA DE ORDEM]

Para mim, a palavra de ordem do nosso tempo é RESISTÊNCIA.
Resistência contra a alienação.
Resistência contra o consumismo.
Resistência contra a intolerância religiosa.
Resistência contra a hipocrisia internacional.
Resistência contra a violência.
Resistência contra o ódio (étnico, racial, social, sexual).
Resistência contra as certezas.
Resistência contra a corrupção.
Resistência contra a educação que não é libertária e que, por isso mesmo, incute na cabeça do oprimido a vontade de se tornar opressor.
Resistência contra o mais do mesmo, contra a vida vivida como se fosse uma sucessão de curtos episódios.
Resistência contra a visão de mundo como fábula.
Resistência contra a visão de mundo apenas como perversidade.
Resistência contra o pessimismo.
Resistência contra a resistência.
Resistência.
Mas como?

["SEU CONSERVADOR!"]

Nos Estados Unidos da América, o Tea Party, movimento político ligado à ala radical do Partido Republicano, vem ganhando cada vez mais força no cenário social. De uma forma ou de outra, Donald Trump é o presidente eleito da terra do Tio Sam.

No México, há algum tempo, os governos vêm adotando cada vez mais políticas em prol do desenvolvimentismo, fechando os ouvidos para os protestos de estudantes, agricultores familiares e grupos indígenas (o novo presidente eleito ainda tem muito trabalho pela frente). Na Argentina, o empresário e ex-técnico do time de futebol Boca Juniors foi eleito presidente da República. Em comum, todos esses personagens carregam o título de conservadores e/ou ultraconservadores.

No Brasil, mesmo após as manifestações de junho de 2013 e sua simbologia de movimento de base e novos ares políticos, segundo o Departamento Intersindical de Assessoria Parlamentar, o resultado das eleições de 2014 revelou uma ampliação do espectro "conservador", com aumento do número de representantes das bancadas ruralista e evangélica, por exemplo. Como ficaremos depois das eleições de outubro de 2018?

De maneira geral, o conservador é associado, principalmente no campo político, ao religioso, ao grande proprietário de terras, ao defensor incondicional da família, ao favorável ao livre mercado; e a alguém contrário à interrupção da gravidez, às cotas em universidades, às políticas sociais de transferência de renda, à reforma política, ao casamento homossexual e a toda sorte de direitos às pessoas LGBT.

Enfim, de diferentes maneiras e com bastante impropriedade técnica, o conservador, no senso comum, é visto como um tradicionalista, antiprogressista e preconceituoso. Sim, conservador chega a ser utilizado como um xingamento: "Seu conservador!".

Não me considero um conservador, de forma que este texto apenas tem a tentativa de compreender o que está em jogo (trago informações antes de tudo), pois o conservadorismo tem uma trajetória histórica e uma proposta teórico-política próprias. Em equivalência, ele adquire variados aspectos e características particulares de acordo com a formação social em que emerge.

Originária da Europa e, mais particularmente, da Inglaterra do século XVIII, essa tradição influenciou intelectuais, políticos e classes sociais de maneiras distintas na França, na Alemanha, nos Estados Unidos e também em países da América Latina.

Em *Conservadorismo*, João Pereira Coutinho diz que todos somos conservadores. Sem dúvida, em menor ou maior medida, as pessoas tendem a buscar a preservação e o usufruto do que estimam.

Entretanto, o conservador vai muito além do instinto protetor, suspeitando de todos os esquemas utópicos, das grandes e profundas promessas de transformações sociais. Ao contrário do seu opositor (seja ele revolucionário ou mesmo reacionário), o conservador tem gosto pelo que está próximo, soa familiar, recusando a felicidade utópica.

Um homem de disposição conservadora valorizará primeiro esses confortos do presente, porque eles são reais, tangíveis, familiares, estão nas palmas das mãos.

Na superfície da compreensão, entretanto, fica clara a posição das utopias em local diametralmente oposto ao dos conservadores.

Aliás, uma distinção importante: o reacionário seria a caricatura do conservador, um revolucionário ao avesso, segundo aponta João Pereira Coutinho. Para esse caricato, o passado é romantizado; defende-se o regresso a uma idade de ouro que, em verdade, nunca existiu: "Ah, no meu tempo...". O reacionário, assim, não deixa de carregar uma utopia também. O bom conservador se esquece, porém, de que a vida de hoje não é boa apenas por não ser tão ruim quanto no passado; de que a ordem do discurso tem em si enraizadas forças históricas de poder; de que a justiça social é um mantra de contínua e insuperável busca. E, principalmente, esquece-se de que a utopia é apenas uma questão de ponto de vista, jamais uma ilusão.

Façam suas apostas.

[FACA CEGA, FACA AMOLADA]

Tício, grande empresário do setor alimentício do Planalto Central, morador de condomínio de luxo da região, frequentador da alta sociedade, resolve dar uma de "espertão" e começa a sonegar impostos, na casa dos milhões. Lá pelas tantas, acaba sendo descoberto, investigado e, na iminência de ser denunciado pelo Ministério Público pela prática de crime contra a ordem tributária, devolve os valores sonegados. Assim, acaba ficando livre, *sem qualquer tipo de sanção penal*, como se nada tivesse acontecido (art. 34 da Lei 9.249/1995).

Caio, morador da periferia do Distrito Federal, num ato estúpido, mas também na tentativa de ser "espertão", furta um carro. Entretanto, acaba descoberto e investigado. Arrependido, quinze dias depois, na iminência de ser denunciado pelo Ministério Público pela prática de crime contra o patrimônio, estaciona o veículo na frente da casa do dono, nas mesmas condições, deixando as chaves na calçada. Pela lei, *poderá ter a pena reduzida de um a dois terços*, ainda assim não escapando da sanção (art. 16 do Código Penal).

Isso é a justiça criminal brasileira, meus caros e minhas caras!

[ORAÇÃO PARA DETERMINADOS GRUPOS FAMILIARES DE WHATSAPP]

Meu celular vibrou. Nenhuma novidade. Há tantos grupos e tantas conversas simultâneas pelo aplicativo que meu aparelho, com certeza, se eu o deixasse, ficaria vibrando vinte e quatro horas por dia, sem parar. Não sei como ainda não lançaram um celular em formato de vibrador; sim, aquele para estímulos sexuais.

Enfim, meu celular vibrou e lá estava uma conclamação num desses vários grupos de família em que somos incluídos, muitas vezes sob pressão e não por interesse próprio. A conclamação, supostamente originária de um pastor evangélico, era para que houvesse um boicote a uma novela de determinada emissora famosa. Diziam que o personagem principal incentivava a homossexualidade entre criancinhas e ainda por cima, pasmem, transava com cabras.

Sorri um pouco e deixei para lá. Mas durou cinco segundos a contenção da vontade de vomitar alguma coisa para a galerinha consanguínea. E lá fui eu, na minha ingenuidade injustificada:

> Boa noite pessoal,
> Não me direciono a uma pessoa específica, apenas trago algumas considerações sobre o conteúdo da última postagem.
> Não faço nenhum tipo de defesa à TV aberta no Brasil. De maneira geral, a maior parte da programação desinforma, deforma e aliena. As novelas criam estereótipos do nosso povo, não contribuem para o processo de fortalecimento das nossas identidades e sequer potencializam nossa visão de mundo. Alienação no estado mais bruto.

Não sei se o conteúdo foi mesmo produzido por tal pastor, mas, considerando que esse tipo de pensamento existe e produz cada vez mais adeptos, fico absolutamente estarrecido. Se me dissessem que se trata de uma mensagem produzida na Idade Média, eu acreditaria. Não me parece que algo assim esteja comprometido com a boa informação e com o conhecimento. Eu poderia começar ponderando que ser *gay* nada diz sobre o caráter das pessoas nem mesmo sobre a qualidade dos seus trabalhos. Mas não quero torrar a paciência cristã de ninguém.

Minha preocupação é que se esse tipo de fala ocorre no interior de alguma religião, seja ela qual for, que valores estão sendo transmitidos às nossas crianças?

Meu ponto: não existem crianças religiosas, existem pais religiosos. E, assim sendo, já que nesse grupo há crianças e adolescentes, não deveríamos estar falando sobre a vastidão do mundo, com seus povos multiétnicos, culturas riquíssimas e infinitas possibilidades de compreensão? Não deveríamos estar falando para as meninas que elas não são piores que os meninos e que elas podem ser o que quiserem, pensar como quiserem, ser felizes como quiserem? Não deveríamos estar falando sobre a necessidade de pensar, refletir, ponderar e conhecer?

Não deveríamos estar bradando a necessidade de que nossos pequenos e nossas pequenas não desistam de seus sonhos e lutem para vencer os obstáculos, com fúria e amor, e ao final possam tocar inúmeras pontas de alegria nessa experiência de vida tão pesada? Não deveríamos estar desejando, os nossos olhos cheios de água, que os mistérios da vida possam ser sentidos, que as sensações – inclusive as sexuais – possam ser potencializadas e que o mundo seja visto, interpretado e engolido com *todos los colores*?

Não deveríamos estar falando com nossos pequenos sobre as mais diversas compreensões da religião, da política, do amor, da vida e da morte? Não entendo como rituais satânicos, demônios, repressão da sexualidade e todo tipo de terror possam fazer parte de algo produtivo; e aqui já nem me refiro às porcarias da emissora em questão, mas a narrativas como a do texto encaminhado em qualquer contexto.

Num mundo em que um bilhão de pessoas vai dormir todos os dias sem ter comido o mínimo necessário.

Num país em que cento e cinquenta mil mulheres são estupradas todos os anos; em que mais de sessenta mil pessoas são assassinadas também todos os anos.

Num quadro político de tanta corrupção – mas de também tantas possibilidades – não entendo como esse – o conteúdo da conclamação anteriormente encaminhada – possa ser o comprometimento de alguém com o mundo.

Vai ver que sou ingênuo ou degenerado demais.

Amém!

Até hoje não houve uma tentativa de resposta profunda.

Depois, até acabei me esquecendo de conferir a tal cena de sexo com uma cabra na novela. Rolou mesmo?

[ROTINEIRA CENA]

Leandro Gomes de Barros, poeta paraibano do final do século XIX, compreendeu a questão com mais profundidade ao se questionar sobre o porquê de o mal e o sofrimento humano existirem: "que dívida é essa que temos que morrer para pagar?". Eu, cá do meu canto, sem rogar pragas aos céus – mesmo porque há muito tempo sinto estarmos sozinhos no Jardim do Éden –, desperto cada dia mais espantado, diminuído na minha pretensa humanidade. Não reconheço as coisas e, como na Macondo de Gabriel García Márquez, tenho que apontar o dedo para mencioná-las.

Nessa placenta do globo azul, eu *finjo ser poesia*. Finjo poder alcançar algo com as minhas palavras. Finjo ser importante. Finjo ser parte. *Eu?* Um homem branco, heterossexual, relativamente estudado, da vida urbana, com acesso à internet, com carro, escrevendo do vigésimo primeiro andar de algum arranha-céu. Sou eu. *Não multiplico o pão na Santa Ceia*, não reivindico a representação de ninguém em especial. Sou eu. Suor meu. Potência para caminhar. Batalha para chegar até aqui. Berço de ouro? Já ouvi falar. Aqui tem superação. *Tem crime*. Crime do "raciocínio lógico pro bem", como fala o poeta GOG.

A poeta Luz Ribeiro questiona:

"ceis" já pararam pra ouvir alguma vez o sonho dos menino?
é tudo coisa de centímetros
um pirulito
um picolé
um pai uma mãe
um chinelo que lhe caiba nos pés

Também sonho com centímetros de esperança. Sobra medo, frustração. Sobram muros, sobram limites. Lembro-me da profecia de Paul Valéry: "a desumanidade terá um grande futuro". Sou repetitivo. A rotineira cena implica mais do mesmo. Imagens repetidas. Novos becos. Novos cárceres. Novas injustiças. O chão é o mesmo. Assim, relembro a conclamação de Cristovam Buarque, em seu livro *Reaja!*, antes de o professor aliar-se ao abismo da política nacional:

pense você, leitor, do seu lugar de visualização do problema, e reflita como será seu [o nosso] país quando for governado por crianças que jamais colocaram os pés nas ruas de suas cidades; que veem o mundo pelas grades de seus jardins ou pelos vidros escuros de seus carros, e só conseguem vê-lo de dentro dos *shoppings* ou das escolas por causa do tamanho dos muros que os rodeiam. Pense também como será o seu país se vier a ser governado pelos que cresceram do outro lado do muro, carregando desejos não realizados, mágoas aumentadas.

Ainda vejo indiferença. Theodor Adorno, em *Educação e emancipação*, tem sua razão ao asseverar que

se as pessoas não fossem profundamente indiferentes em relação ao que acontece com todas as outras, excetuando o punhado com que mantêm vínculos estreitos e possivelmente por intermédio de alguns interesses concretos, então Auschwitz não teria sido possível, as pessoas não o teriam aceitado.

Aproveitando a teorização de Marc Augé, autor de *Para onde foi o futuro?*, sentencio que o mundo é um "não-lugar".

Nós, usuários logados, coabitamos provisoriamente individualidades, passageiros, passantes.

Não é à toa que o *suicídio* volta a ser tema de debates, conferências, supostas políticas públicas. O mal-estar da sobrevivência *faz estourar o ser*. O abismo mora logo ali. Jacques Attali utiliza-se da metáfora do barco que nem Deus afundaria:

> O Titanic somos todos nós, a nossa sociedade triunfalista, cega, autocongratulante, hipócrita, impiedosa com os pobres – uma sociedade em que tudo é previsto, exceto os meios de prever. Todos nós supomos que há um *iceberg* à nossa espera, escondido em algum lugar no futuro nebuloso, contra o qual nos chocaremos para em seguida afundarmos ao som de música.

Respostas? *Não as tenho*. Levanto a cabeça e fico calculando os centímetros que separam a mariposa da lâmpada do poste. Seu destino é se chocar e fenecer à luminosidade artificial. Seria uma bela metáfora para a existência humana? Eu já disse, não tenho as respostas. Mas sinto que o poeta GOG tem razão: "É o crime/ saber que não é filme esse mundão".

Contudo, seja qual for a requintada resposta, imponho-me um valor, um desafio. Se escolho a inação enquanto proposta de vida, frente à inexorabilidade do mundo, exijo-me resposta para ao menos duas perguntas – recordando aqui o filósofo Vladimir Safatle, em *A esquerda que não teme dizer o seu nome*: "Se não eu, quem? Se não agora, quando?".

O mundo é injusto. Mas e daí? *Temos que ir! Temos que ir!*

[BOLSO-NADA]

Dedico estas mal traçadas linhas a todas as vítimas da perseguição anticomunista, às famílias destroçadas, aos sonhos destruídos, aos corpos marcados.

Brasília, DF, dezessete de abril de 2016, Plenário da Câmara dos Deputados: "Como vota o Deputado Jair Bolsonaro, PSC-RJ?". No microfone: "... pela memória do Coronel Carlos Alberto Brilhante Ustra, o pavor de Dilma Rousseff...". Foi um dia difícil! O eventual posicionamento sobre o processo de *impeachment* da presidenta afastada Dilma Rousseff exigiria maior espaço e profundidade. O objetivo do presente texto, noutro sentido, concentra-se em resgatar dados e rostos da ditadura militar brasileira, de 1964 a 1985.

Os golpes de Estado na América Latina

Algumas características da tortura. No início não tinha rotina. Não se distinguia se era dia ou noite. O interrogatório começava. Geralmente, o básico era o choque. Começava assim: "Em 1968, o que você estava fazendo?" e acabava no Angelo Pezzuti e na fuga, ganhando intensidade, com sessões de pau-de-arara, o que a gente não aguenta por muito tempo. Então, se o interrogatório é de longa duração, com interrogador "experiente", ele te bota no pau-de-arara alguns momentos e depois leva para o choque, uma dor que não deixa rastro, só te mina.
Depoimento de Dilma Rousseff, em 25/10/2001, à Comissão de Indenização de Presos Políticos do Rio Grande do Sul.

A perseguição aos comunistas, aos socialistas e aos anarquistas remonta à publicação do *Manifesto do Partido Comunista*, em 1848, e à *Primeira Internacional*, em 1864. Já no início do século XX, as Revoluções Mexicana e Russa redesenharam as estruturas de poder e o imaginário coletivo, impulsionando o ataque aos anacronismos do capitalismo e, no fundo, à imensa concentração de renda, à injustiça social na distribuição da terra e à dependência do capital estrangeiro. Nesse cenário, não foi muito difícil propagar os sussurros e os gritos de que os "vermelhinhos" eram os inimigos a ser combatidos.

Segundo a precisa lição do sociólogo chileno Marcos Roitman, autor de *Tiempos de oscuridad*, os golpes de Estado das décadas de 1960 e 1970 na América Latina foram seguidos de itinerários sufocados por tensões: primeiro a guerra psicológica – com campanhas de medo em referência ao comunismo; depois a desestabilização econômica – com a criação de um mercado alternativo e ilegal, o que gerou evasão de capitais, revolta da população, saques, greves generalizadas etc., ou seja, um estado permanente de caos. Tudo isso para culminar na desordem social e na ingovernabilidade, acabando com um chamado às forças armadas para salvar a pátria.

Não foi à toa que, em meados da década de 1970, ao menos dois terços dos países da América Latina estavam vivendo regimes militares. Nessa toada, acabamos nos tornando o resultado dos dilaceramentos oriundos dos crimes humanitários praticados como política de Estado nesse canto do mundo. Roitman faz os cálculos dos mortos e desaparecidos como causa direta da repressão: Argentina: 46 mil pessoas entre 1974 e 1983; Cuba: 20 mil pessoas entre 1952 e 1958 (ditadura de Fulgencio Batista); Colômbia: 300 mil pessoas de 1946 até os dias de hoje; Chile: 3.065 pessoas entre 1973 e 1989; Guatemala: 200 mil pessoas entre 1960 e 1994; e Haiti: 45 mil entre 1958 e 1985.

Países como Brasil, México, Bolívia, Venezuela e outros ocultam seus dados. Entretanto, o mesmo autor pondera que podemos estar falando de aproximadamente *dois milhões de mortos* na América Latina nos diferentes momentos de ditaduras entre 1945 e 1990. Sim, dois milhões de mortos!!!

O caso brasileiro e a Comissão Nacional da Verdade
Um dia, a gente estava nessa cela, sem vidro. Um frio do cão. Eis que entra uma bomba de gás lacrimogêneo, pois estavam treinando lá fora. Eu e Terezinha ficamos queimadas nas mucosas e fomos para o hospital.
Depoimento de Dilma Rousseff, em 25/10/2001, à Comissão de Indenização de Presos Políticos do Rio Grande do Sul.

A Comissão Nacional da Verdade (CNV) foi criada pela Lei 12.528/2011 e instituída em dezesseis de maio de 2012, mais de vinte e sete anos após o fim do período de repressão militar. A CNV teve por finalidade apurar graves violações de Direitos Humanos ocorridas entre dezoito de setembro de 1946 e cinco de outubro de 1988.

Após dois anos e sete meses de atividades, o relatório final da comissão reuniu 4.328 páginas em três volumes e foi entregue, no dia dez de dezembro de 2014, à presidenta da República. Suas descobertas, dados e recomendações? Bem, como quase sempre neste país, tudo correu a passos largos de distância da grande massa da população brasileira. O trabalho, embora de extrema importância, tornou-se um grande livro de consulta, quando, na verdade, congrega uma fatia colossal do nosso "ontem", das marcas do hoje e dos vários obstáculos que ainda teremos para o futuro. Ainda há muito trabalho pela frente!

Dilma Rousseff
Quando eu tive hemorragia, na primeira vez foi na OBAN, pegaram um cara que disseram ser do Corpo de Bombeiros. Foi uma hemorragia de útero. Me deram uma injeção e disseram para não me bater naquele dia. Em MG, quando

comecei a ter hemorragia, chamaram alguém que me deu comprimido e depois injeção. Mas me davam choque elétrico e depois paravam.

Depoimento de Dilma Rousseff, em 25/10/2001, à Comissão de Indenização de Presos Políticos do Rio Grande do Sul

Calcula-se que, durante a ditadura militar de 1968-1973 e o governo autoritário de Jorge Rafael Videla na Argentina, de cinquenta a oitenta por cento das pessoas levadas para interrogatórios na Argentina tenham sido mortas. O caso argentino foi um dos mais sangrentos da história recente. Talvez por isso a memória coletiva ainda seja tão marcada por tamanho trauma, sendo difícil encontrar pessoas que não tenham familiares e/ou amigos íntimos assassinados nos períodos elencados.

No Brasil, estima-se que de dez a vinte por cento das pessoas levadas para depor nas diversas centrais e nos departamentos de tortura tenham "desaparecido". Provavelmente por isso ainda tenhamos dificuldade de absorver a existência de uma profunda violação de direitos humanos durante mais de vinte anos no Brasil, confundindo não raras vezes a reação do oprimido com a violência do opressor. E se Dilma tiver sido de fato torturada? Não consigo nem imaginar que tal pergunta seja uma brincadeira, mas pura e profunda estupidez.

A jovem Dilma foi presa em dezesseis de janeiro de 1970, aos vinte e dois anos de idade, torturada, humilhada e completamente desumanizada durante o tempo em que ficou confinada ao poder dos militares. Segundo ela mesma relatou:

Fiquei presa três anos. O stress é feroz, inimaginável. Descobri pela primeira vez que estava sozinha. Encarei a morte e a solidão. Lembro-me do medo quando minha pele tremeu. Tem um lado que marca a gente o resto da vida.

A história até pode ser o registro feito pelos vencedores. Entretanto, não demora muito para nos depararmos com a realidade dolosamente escondida, mascarada. Todo o trabalho produzido pelas Comissões da Verdade na América Latina e mesmo toda a produção intelectual atual, revirando documentos dos períodos em referência, ainda têm muito a nos ensinar.

Quem quiser ficar com a versão tradicional, meus pêsames. Quem optar por tornar tudo possível de novo, estude, pesquise. Vale a pena lamber tais feridas novamente!

Reflexão (pen)última
As marcas da tortura sou eu. Fazem parte de mim.
Depoimento de Dilma Rousseff, em 25/10/2001, à Comissão de Indenização de Presos Políticos do Rio Grande do Sul

O tema é profundo e ainda obscuro no imaginário e na história do nosso país. Por outro lado, não percamos de vista a contínua necessidade de debatermos o tipo de sociedade que queremos e podemos ser.

Parece-me que a fala de Zygmunt Bauman em *Vida em fragmentos* ainda é válida: "Não foi a ausência de progresso, mas, pelo contrário, o desenvolvimento – técnico-científico, artístico, econômico, político – que tornou possíveis as guerras totais, os totalitarismos, o crescente abismo entre a riqueza do norte e a pobreza do sul, o desemprego e os novos pobres".

Ditadura nunca mais! E para o horizonte do fazer democrático, *Bolso-nada!*

[BRASIL, 2014]

Debates virtuais de um tempo não tão longínquo.

14/10/2014, Ele:
O Aécio não ardeu no fogo da luta democrática – estava curtindo demais para isso.
O Aécio nunca teve patrão, ponto – não sabe o que é ser empregado.
O Aécio sempre foi rico e privilegiado – não sabe o que é ser brasileiro.

14/10/2014, Eu:
"Brotha", sinceramente até me encanto pelo discurso dos caras (isso dura uns dois segundos), acho que só trocando tudo daria certo pra algumas reformas, mas logo vejo que é mais do mesmo.

O DCM ou outro site desses vermelhinhos publicou uma reportagem falando de um ex-presidente que estava fazendo campanha embaixo de sol quente, todo suado, com chapéu na cabeça, gastando a voz e conversando com o povo... Ninguém cogitaria que seria o FHC... É o Lula, na rua, no meio do povo.

O nível de aparelhamento do Estado é profundo, chega a dar ânsia de vômito... Com vinte e dois mil cargos comissionados, o sistema fica envenenado.

Aécio é um menino que comeu todo mundo e agora tem que mostrar para a família que pode ir além, mas não vai. Esse povo tem espírito de colonizador, quer derrubar tudo e implantar uma única forma de pensar e fazer, quando esse Brasilzão é de uma multiplicidade louca.

Dilma e Aécio, de fato, são duas propostas diferentes de sociedade. Voto na que interpreta o mundo pela ótica do oprimido... É de lá que eu (nós) venho.

14/10/2014, Ele:
Ainda estou em análise.
Sei que no primeiro turno defendi mais o Aécio que a Marina. Mas me orgulho muito da capacidade de mudar de opinião quando se tem mais fatos. Deixo minha digital em tudo o que você falou. Resumindo a análise, os argumentos pró-Aécio são os seguintes – com suas respectivas contra-argumentações:

1. Corrupção: o sistema política/cultura/pobreza é que é corrupto. Os partidos fazem parte desse sistema. Inclusive o dele. Mensalão em MG, compra de voto na reeleição/cooptação da imprensa. E o segundo partido a entrar no comando (DEM) é o do ACM (*wtf*!), do Arruda (mensalão DF), do Demóstenes Torres... Por aqui não dá não.

2. Experiência (MG): ele foi derrotado em MG tanto no seu sucessor *longa manu* a governador como para presidente (!!) A Dilma foi mais votada por lá... Se não é conclusivo, isso ao menos me chama a atenção. Por aqui também não.

3. Renovação/alternância: o PSDB não é alternância nem aqui nem na China... Governaram o país por oito anos (doze se contar Itamar e FHC ministro todo-poderoso). Governam diversos estados (se acham donos de São Paulo). É o terceiro maior partido... Só o Aécio teve quatro mandatos na CD e um no SF, dois governos estaduais – raposa velha na política. Renovação com um herdeiro de dinastia político? Sarney também foi tido como a inovação no Maranhão em 1966, lembra? O que há de novo?

4. Eficiência: bom, esse é um fator pra lá de subjetivo. Sem querer apelar, para Hitler a eficiência era matar judeus com gás de automóvel... Claro, Aécio não é Hitler, mas a eficiência dos capitalistas não poupa empregos, vidas nem o tempo das pessoas. Aliás, se acabar com a corrupção for privatizar a Petrobras, a CEF e o Banco do Brasil para amigos (tios? Daniel Dantas? Carlinhos Cachoeira?), não tenho interesse! E a contradição: mais serviços sociais, mais qualidade de políticas públicas e corte de gastos, arrocho. Como? Crescendo? Isso deve levar os quatro anos do mandato dele.

5. Pró-mercado: isso ele é, e o Brasil deverá ser caso ele ganhe. Para mim, é o único argumento sincero. Aqui no SF, os colegas que têm ações na Bolsa estão colocando até adesivo nas cuecas. Se esse é o novo ciclo que o Brasil precisa implementar, não sei ainda.

O pior, *dude*, é que mesmo assim, com essa enxurrada de contra-Aécio ainda sinto que votar na Dilma seria ser corresponsável por um desastre sem tamanho...

Para mim ainda é o ruim *versus* o pior.

Ainda estou tentando resolver quem é somente ruim.

14/10/2014, Eu:
Não era a mesma dúvida em 2006, quando Lula tentava a reeleição no auge do esquema do mensalão?

À época votei na Heloísa Helena no primeiro turno e anulei no segundo, Lula teve vinte milhões de votos a mais que o Alckmin (cinquenta e sete por cento dos votos válidos).

***

24/10/2014, Ele:
Mlk, tá chegando a hora.
Admito, são duas péssimas escolhas.
Aécio não é a "pessoa".
Mas, apesar dos pesares, vou ficando no azul.
Com o coração amotinado, porém.
Minha conclusão é de que mesmo que tenha ainda as melhores intenções, o PT não tem mais a energia e as ferramentas (muita colonização das estruturas estatais). Muitos acordos espúrios já pré-montados. Muita borra de café na encanação...
O PT na oposição vai fazer bem para o próprio partido, para o PSDB, para o sistema político e para a democracia. Teremos ainda um ótimo fiscal para o Aécio!
O ódio contra o PT só está aumentando e mais quatro anos de Dilma podem ser dramáticos nesse ponto.
Temos o caso do João Goulart, tatuado com arame farpado nos livros de história pelo clube militar. Parece evidente que a sociedade brasileira *tem* um limite à colherada de esquerda que ela pode engolir – democraticamente. Após ela, o jogo democrático é guardado na caixa e colocado em cima do armário – ao lado da arma comprada para proteção pessoal pelo homem--classe-média-branco-cristão-heterossexual.
O ódio do PT também não retrocede, mas recrudesce. Ataca tudo o que vê pela frente. Não reconhece avanços anteriores – ou seja, a existência de quinhentos anos de nação/país. Quase diz que foi o Lula que rezou a primeira missa na Terra de Santa Cruz. Sinceramente, hoje conheço pessoalmente pouquíssimos petistas razoáveis, com quem se pode falar do FHC sem levar

uma cuspida no olho. A gente vê o Lula se diminuindo como estadista para garantir mais quatro anos de um governo que nem ele sabe no que vai dar.

Essa visão polarizada, parca, sempre nos incomodou, e votar no PT me parece hoje votar em mais polarização.

Isso porque o PT está praticamente sozinho contra o mundo. Vemos o apoio de inúmeros respeitáveis à candidatura de Aécio. Marina, Campos, Simon, Buarque, Reguffe, Rollemberg, Romário (?)... Realmente, está deixando de ser uma proposta do PSDB e mais um consenso multilateral (como aquele da Finlândia pela educação que a gente tanto admira). A pompa do PSDB está sendo muvucada pelo PSB, pelo AfroReggae e por outros. E isso é bom. Na economia, Armínio Fraga me parece um aprendiz de Henrique Meirelles, que o Lula escolheu como salvador logo de início. É possível dizer que o PSDB de hoje é o PT se não tivesse eleito Dilma em 2010 e estivesse agora voltando.

Mas, claro, repito, o Aécio não é a "pessoa" (assim como a Dilma também não era/é).

Existem diversos elementos que fazem dele um cara detestável.

Mas tenho que admitir que ele vem se preparando há muito tempo. A gestão de Minas não foi a melhor, mas também passou longe de ser a pior. O governo não é feito pelo presidente isoladamente. Mais uma vez, a energia por trás do nome dele está muito forte.

Ele não é a direita, a proposta do PSDB é de esquerda (basta a ver a quantidade de programas do PT que eles gritam a plenos pulmões que irão manter!).

Se a direita (inclusive a neurótica – Lobão, Azevedo, Constantino) o aceitou é porque é a direita possível

– pouco mais ao centro que o PT. Talvez precisemos agora realmente dar um passo para trás (no rumo à esquerda), para amanhã darmos dois ou três para a frente. Quanto aos seus apoiadores podres, não vou deixar de ouvir AC/DC porque o Lobão ouve, nem de ler Jorge Amado porque Azevedo lê. Da mesma forma, não vou evitar tomar a mesma decisão deles por implicância. Na pior das hipóteses, eles se calam por quatro anos (rs).

Por último, minhas preocupações nacionalistas e esquerdistas foram domesticadas.

Sem privatizações dos grandes bancos. Sem desmantelamento da distribuição de renda. Desenvolvimento sustentável. Pró-mercado? Talvez, mas com uma fiscalização de um PT MUITO mais forte que o de doze anos atrás. E uma sociedade civil muito mais organizada. Deixar eles tentarem arrumar as coisas pode ser ótimo para mais quatro anos de PT em 2018. Com Haddad no comando? Que tal?

Algumas considerações de supetão, *dude*.

Como eu tenho certeza de que você sabe, essas palavras não são para te convencer.

O progresso do mundo depende da autonomia das grandes mentes.

São para *me* convencer. Para que eu possa retornar daqui a quatro anos e analisar os meus porquês.

Vou me dar o direito de errar aqui, mas razoavelmente justificado e explanado. Desvirginar o dedão no quarenta e cinco.

Essa é a bagagem trazida desse período eleitoral e de vinte e cinco anos antes.

Mas no domingo o coração pode falar mais alto.

Veremos. O voto é secreto mesmo.

O eu do futuro me responsabilizará.

24/10/2014, Eu:
É sempre uma satisfação discutir e vivenciar a política contigo, meu amigo, sempre aprendo algo. Pra ser sincero, eu já estava me preparando para esse momento, senti que você estava travando uma batalha interna pra tentar votar no Aécio e se confrontar com os possíveis desdobramentos. Não o condeno, pois respeito suas escolhas bem fundamentadas, ainda que não sejam as minhas... são sempre novas possibilidades.

O Partido dos Trabalhadores, como algumas vezes já disse, tem no seu DNA a confluência de três grandes movimentos: as Comunidades Eclesiais de Base (CEBs), ligadas à Igreja Católica, daí o elemento ético, que por muitos anos foi bandeira do partido; os intelectuais de esquerda, principalmente gente ligada às universidades públicas e ao mundo artístico, daí o elemento "progressista", "mente aberta"; e o movimento sindical, ou seja, o povo trabalhador, daí a lógica de interpretar o mundo pela ótica do oprimido. Grandes nomes passaram pelo PT, muitos ainda estão lá, outros se desligaram após e durante o governo Lula, por não terem visto a revolução esperada. Paulo Freire, Ermínia Maricato, Chico Buarque, Gil, Chico de Oliveira, Heloísa Helena, Luciana Genro, e por aí vai. O PT de hoje é muito diferente daquele grupo ideológico do passado, daquele radicalismo ético que beirava a ingenuidade... Bebeu-se da fonte do poder, foi-se mordido pela mosca azul e as consequências estão aí (*it's a work in progress*). Somente uma crítica sincera.

O Lula precisou escrever uma carta ao povo brasileiro para que a economia não quebrasse em primeiro de janeiro de 2003, e olha que, mesmo assim, a inflação subiu quase cinco por cento até janeiro daquele ano, tamanha era a desconfiança do empresariado. Nos anos 1990, tínhamos mais de trinta milhões de pessoas passando fome no Brasil. As políticas econômicas do FHC foram importantes, inclusive algumas privatizações (o Estado tinha fábrica de recicláveis... isso é inimaginável em termos de estrutura para bancar isso), para acelerar o crescimento, atrair investimentos, indústrias, bancos, o que favoreceu o Lula num segundo momento, que soube atuar para diminuir a curva da desigualdade, gerando dezenas de milhões de novos consumidores (e a crítica a isso eu já fiz: criar cidadãos por meio do consumo é péssima ideia). Enfim, ambos foram importantes, cada um do seu modo, cada um carregando pechas de corrupção de aliados e companheiros, tenha ou não ocorrido investigação e/ou condenação criminal.

Quanto ao ódio, ele é crescente para ambos os lados, não só do PT. Aqueles que "odeiam pobre viajando de avião e comprando carro" e até outros que, com novas roupagens, vêm com xenofobia em relação aos nortistas brasileiros, "aqueles mantenedores da política petralha", estão todos por aí. São muitos Brasis e falta serenidade para todos os lados. Tanto para o PT, que, de fato, quer sustentar que o Brasil começou em 2003, quanto para o PSDB, o qual tem afirmado que a maior política de transferência de renda foi o Plano Real. Se o Plano Collor tivesse dado certo, o senador Fernando Collor de Mello seria o herói da nação, mas aí é especulação... A história em retrospectiva é sempre bonita, cronologicamente arquitetada, cheia de sucessos atribuíveis a heróis inigualáveis.

Não acho que o Lula tenha sido um estadista, ele é um senhor carismático com sensibilidade em relação aos problemas do país. Quais foram as grandes instituições que ficaram? O Bolsa Família está no artigo quinto da CF? O Prouni está? Nesse ponto, talvez até o FHC seja mais estadista, afinal são do período dele as agências reguladoras, a Lei de Responsabilidade Fiscal e por aí vai. Ambos, FHC e Lula, são passado, embora ainda sejam o pano de fundo das eleições de 2014.

Vou discordar que a armadura do Aécio e de seus apoiadores pareça mais uma união multilateral, não acredito nisso. Marina, Campos, Simon, Buarque, Reguffe, Rollemberg, Romário etc. são para mim pessoas que, em pouco tempo, desistiram de um legítimo processo de emancipação popular para apoiar a nobreza destronada. Aécio não vem se preparando há muito tempo, ele vem tentando seduzir o PSDB há muito tempo, como se fosse coisa do destino ele chegar ao poder; são palavras do neto de Tancredo.

Em entrevista à *Folha de S.Paulo*, o próprio FHC fez questão de dizer que o Aécio demorou a aparecer, a ser combativo, a se mostrar como alternativa para um novo Brasil. Onde ele estava nos quatro anos de governo Dilma? Pois ele somente apareceu de forma mais afiada em 2013, um ano antes das eleições. Foi justamente nesse período que ele estourou sua cota de passagens para o RJ, para ir a festas, tomar banho de sol na praia, dirigir bêbado e ser filmado, parado em *blitz* e tudo o mais. E não estou sendo leviano, são fatos. Aécio não se preparou (embora eu o ache um cara sério), ele sabia que o PSDB, após três derrotas, o veria como a única via, ainda mais com o apoio do FHC. Veja que ele teve que ser eleito presidente do PSDB no ano passado para tomar vergonha na cara e sair para o embate, para fazer a oposição que ele deveria ter feito nos três anos anteriores. Tudo o que está aparecendo agora de corrupção é coisa de 2012, de 2010, que poderia ter sido investigada e atacada pela oposição, o que não encoberta a falcatrua e seus responsáveis, mas liga um sinal de alerta na interpretação do cenário eleitoral.

Uma vez eleito, não creio que o mineiro desmantelará toda a política de transferência de renda. Isso não o faz de esquerda, contudo, apenas são retrocessos não cabíveis no Brasil de hoje. Em termos econômicos, contudo, espero o pior, sim, não tem jeito, os rastros do PSDB estão aí: arrocho salarial, políticas meritocráticas assustadoras, esvaziamento das universidades. Esse povo não sabe o que é o Nordeste, o que é a pobreza gritante... Viram isso em filme de ficção científica. Não vou arriscar.

Se é para o PT voltar a fazer oposição, que o PSDB aprenda a fazê-la de uma vez por todas, a partir de 2015, vigiando o governo Dilma. Adoraria destronar o PT, doze anos é bastante tempo, tê-lo na oposição seria incrível, mas dou dois passos para trás e voto treze, embora sem tesão e/ou paixão.

É a escolha do "menos ruim", mas creio que a Dilma ainda representa um sopro de possibilidade. Não é política de carreira. Aprendeu na pele o que é a luta democrática, muito cedo, e, com seu estilo, vem tentando conduzir a máquina, contra e com o PMDB, contra e com os fisiologistas, mas em prol de alguma coisa. Nenhum representa a mudança... Terão sido dezesseis anos de PT e vamos pagar a conta.

Também não tento te convencer, pois quem faz isso geralmente não quer ouvir, só quer ticar mais um nome numa lista de contabilidade eleitoral. Entretanto, ganhe Aécio ou Dilma, teremos motivos de sobra para nos cobrar e agir.

O César do futuro também me responsabilizará...
Será um cara com quase trinta anos e algum peso nas
costas.

★★★

Erramos todos?